下穿城市建筑群特大断面小净距分岔隧道施工与支护方法优化研究

——以重庆曾家岩北延伸段穿越内环新增通道为例

胡恩来　戴　武　姜以安　黎万宝／著

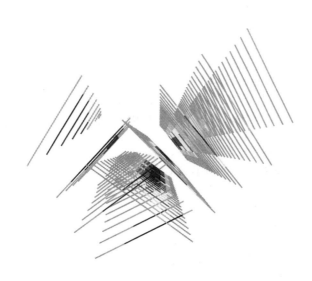

西南交通大学出版社

·成　都·

图书在版编目（CIP）数据

下穿城市建筑群特大断面小净距分岔隧道施工与支护方法优化研究：以重庆曾家岩北延伸段穿越内环新增通道为例 / 胡恩来等著. --成都：西南交通大学出版社，2024. 12. -- ISBN 978-7-5774-0318-2

Ⅰ.U453.4

中国国家版本馆 CIP 数据核字第 20243AF494 号

Xiachuan Chengshi Jianzhuqun Teda Duanmian Xiaojingju Fencha Suidao Shigong yu Zhihu Fangfa Youhua Yanjiu —— yi Chongqing Zengjiayan Bei Yanshen Duan Chuanyue Neihuan Xinzeng Tongdao wei Li

下穿城市建筑群特大断面小净距分岔隧道施工与支护方法优化研究
——以重庆曾家岩北延伸段穿越内环新增通道为例

胡恩来　戴　武　姜以安　黎万宝　著

策 划 编 辑	韩　林
责 任 编 辑	杨　勇
封 面 设 计	GT 工作室
出 版 发 行	西南交通大学出版社 （四川省成都市金牛区二环路北一段 111 号 西南交通大学创新大厦 21 楼）
营销部电话	028-87600564　028-87600533
邮 政 编 码	610031
网　　　址	https://www.xnjdcbs.com
印　　　刷	成都蜀通印务有限责任公司
成 品 尺 寸	170 mm×230 mm
印　　　张	10.25
字　　　数	165 千
版　　　次	2024 年 12 月第 1 版
印　　　次	2024 年 12 月第 1 次
书　　　号	ISBN 978-7-5774-0318-2
定　　　价	66.00 元

《下穿城市建筑群特大断面小净距分岔隧道施工与支护方法优化研究》

编委会

随着中国经济的迅猛发展，基础设施建设的规模不断扩大，水平不断提高，公路交通作为其中的重要组成部分，其建设速度不断提高，规模也日益扩大。据统计，2021年中国公路总里程已经达到约520万千米，其中，公路隧道的建设和应用越来越广泛，尤其是在城市中心区域。城市小净距隧道的修建逐渐成为解决交通拥堵、提升交通效率和优化城市布局的重要手段。然而，这类隧道的建设过程涉及诸多技术难题和挑战，亟需通过科学研究和技术创新加以解决。城市化进程的加速使得城市交通问题日益严峻，小净距隧道作为一种高效的地下交通方式，因其能够减少对地面交通的干扰，充分利用地下空间资源而受到重视。然而，小净距隧道的建设面临着一系列复杂的技术问题，包括地质条件复杂、施工过程中的变形控制难度大、相邻隧道之间的相互影响等。因此，深入研究小净距隧道的支护结构力学特性和优化施工方法，对于确保工程的安全和高效实施具有重要意义。

本书聚焦于小净距城市公路隧道支护结构的力学特性和施工方法的优化，以火凤山隧道工程为实际背景，采用现场监测、模型试验和数值模拟等多种研究手段，系统分析小净距隧道支护结构的力学行为，探讨优化施工方法和技术措施，为实际工程提供科学依据和指导。火凤山隧道是重庆市的一项重要城市交通工程，其建设过程中面临着诸多技术挑战。该隧道工程由于其特殊位置和工程要求，需要克服复杂的地质条件、高度集中的交通流量以及严格的环保要求等问题。本书通过对火凤山隧道的详细研究，旨在总结和归纳小净距隧道建设中的经验和教训，为类似工程提供参考和指导。在研究过程中，本书采用了多种先进的技术手段。通过现场监测获取实际施工过程中的数据，利用模型试验模拟隧道施工中的各种工况，并通过数值模拟深入分析不同施工方法对支护结构力学特性的影响。这些方法的综合应用，不仅为本书的研究提供了可靠的数据支持，也为实际工程的设计和施工提供了科学的理论依据。本书的研究结果表明，科学合理的支护结构设计和优化的施工方法可以显著提高小净距隧道的施工安全性和经济性。在实际工程中，结合现场监测、模型试验和数值模拟的综合研究方法，可以有效解决施工中的技术难题，确保工程的顺利进行和长期运营。

限于作者水平，书中疏漏之处在所难免，恳请读者批评指正。

著 者

2024年5月

目　录

第3章 特大断面城市小净距分岔式隧道施工工法优化研究

第4章 特大断面城市小净距分岔式隧道中岩墙变形特性与加固技术研究

第5章 特大断面城市小净距分岔式隧道支护参数优化研究

第1章 绪 论

随着我国经济的发展和国民生活水平的提高，国家开始注重基础建设，特别是投入了大量资金在交通设施建设。由于我国地域辽阔，境内山峦起伏比较大，因此在早期经济较困难时，由于资金短缺、技术不完善和地形等原因，造成所修公路曲折迁回、多弯道、里程长、占地面积大和破坏自然环境等。而且最重要的是这类公路容易造成交投入，我国相继出现了一大批特长公路隧道，在隧道的建设过程中，遇到了越通事故。然而公路隧道不仅是高速公路的重要构成部分，而且是穿越山岭地形的有利途径。该类公路在国外得到了较为普遍的应用，运作效果颇为理想。公路隧道可以很好地避免盘山公路所带来的负面影响。最近几年随着国家加大对基础交通建设的投入和越来越复杂的工程地质环境，因此对隧道施工技术也有更高的要求。

重庆市主城区骨架道路建设速度较快，骨架路网较为完善，尤其是两江新区核心区路网已建设成熟。但随着两江新区的快速发展，常住人口的迅速增长，小汽车千人拥有量介于88~142，处于小汽车膨胀普及期，两江新区向心交通占到拓展区进出核心区总比例的52%。晚高峰进出核心区交通量达到18.95万标准车/时，2014年主城区道路流量增幅20%以上道路全部发生在两江新区。

1.1 问题的提出

目前国内的小净距隧道一般为对称小净距隧道，出于科研联系工程实践的原则，国内学者和技术人员已经针对对称小净距隧道开展了大量的研究，在经验和成果上有了较为丰富的积累。而在小净距分岔式隧道的研究上，相关的研究并不多见。由于小净距分岔式隧道结构的独特性，其左右线隧道断面大小及跨度并不一致。

针对不同的断面，其施工方法和结构设计也不尽相同。因此在小净距分岔式隧道的施工中，左右线隧道相互影响的程度和规律也因具体工程不同而存在较大差异。特别是小净距隧道问题中表现明显的中岩墙稳定性问题，在小净距分岔式隧道的情况时，中岩墙的受力特性和变形特征相对对称小净距更加复杂。另一方面，目前的小净距隧道大多为浅埋隧道，而小净距分岔式隧道更多出现在城市地下立交和地铁停车线中，即城市地区。因此在小净距分岔式隧道的建设中，很有可能面临着围岩条件相对较差、施工场地周围建筑物密布、地表沉降的控制相对严格等问题。即小净距分岔式隧道的施工难度更大，掌子面坍塌失稳安全风险更高。

针对小净距分岔式隧道施工中面临的几个问题，相关隧道设计规范并未明确涉及。在涉及两隧道近接的时候，规范中也仅给出了两隧道净距的参考值，且参考值远大于实际工程中的净距，因此参考意义不大。同时由于小净距分岔式隧道的相关研究并不多见，相关的施工、设计及配套技术措施并未形成一个系统、完整、适应性强的标准，因此在设计与施工过程中，只能依据现有的经验进行工程建设。这种做法因人而异，要么相对保守，采用较强的支护措施，从而造成了经济成本上的浪费；要么相对激进，为了降低成本，盲目地选择支护参数，为工程后期的运营埋下安全隐患。

出于以上问题的考虑，对小净距分岔式隧道的支护结构受力特点，施工全过程中的围岩和支护的变形特征以及应力演变规律，中岩墙的变形特征和稳定性控制措施，双洞开挖过程中后行洞对先行洞的影响规律等方面进行研究，从而对小净距分岔式隧道的设计与施工提供切实的理论支撑和具体的技术措施帮助，将是十分有意义的。

1.2　国内外研究现状

到目前为止，国内对于特大断面城市小净距分岔式隧道的施工关键技术的研究还较少。由于分岔前隧道经过多次加宽形成特大断面开挖轮廓，断面形式多样，不同加宽段过渡间施工工序复杂，难度较大，分岔后超小净距段隧道稳定性同样需要深入研究。本课题针对城市建筑群特大断面分岔公路隧道的施工关键技术研究而展开。

1.2.1　分岔段隧道开挖工艺和工法研究

分岔隧道属于特殊结构的隧道，主要为解决线路布置以及桥隧或隧隧衔接等方面的难题，集成了分离式隧道、小净距隧道、连拱隧道等各类隧道的特点，结构极其复杂，而且频繁的工序转换给施工带来了一定的难度。如何确保分岔式隧道的快速施工和安全[1]，是分岔隧道建设的关键。

张富鹏等[2]以在建的阳安二线直通线道工包湾村隧程为依托，针对分岔隧道工程中较为少见的反向扩挖法和传统中隔墙法进行三维数值模拟，从结构应力、位移和塑性区范围三方面，对大跨段、连拱段、小净距段及中墙进行对比研究。结果表明：相比中隔墙法，反向扩挖法更优，能保证隧道施工安全；隧道分岔段为工程薄弱部位，且存在左右线施工相互影响和偏压问题，应引起重视并采取措施。通过随后的现场监测，证明数值模拟结果可以指导施工，表明反向扩挖法用于分岔隧道施工是可行的，值得推广。胡云鹏[3-4]以杭州紫之隧道工程为依托，针对西线大跨段主隧道与匝道小净距交汇处隧道工程，对小净距隧道和大跨度隧道的安全施工技术进行了研究；针对主隧道跨度大及匝道与主隧道超小净距特点，提出大跨度小净距分岔隧道双向施工技术，包括小截面隧道导洞施工、主隧道导洞扩挖、主隧道反向开挖至小净距隧道施工技术。闫自海等以杭州市紫之隧道的地下立交交叉口工程为依托，提出了一种小洞开大洞，然后再横向开挖，最后反向开挖的施工方法和施工工序。结合工程特点，采用有限元数值模拟和监控量测方法验证了该施工方法的合理性。结果表明：对隧道交叉口采用导洞爬坡反向施工方法可以保证分叉段施工安全，解决小洞往大洞方向开挖的难题。刘家澍[5-7]以某分岔隧道为工程背景，采用FLAC³ᴰ有限差分软件对隧道施工过程进行了数值模拟，研究了分岔隧道施工过程中连拱段围岩及中隔墙的应力、位移分布和变化规律，在此基础上，对隧道施工方案进行了优化分析。研究结果表明：该隧道开挖过程关键工序为上台阶开挖，侧导坑开挖对围岩稳定性有较大影响，隧道采用中导洞台阶法直接开挖仍可以保障围岩稳定性，同类工程采用中导洞台阶法开挖是安全可行的。

分岔式隧道在满足线路设计的前提下，应当尽量增大两隧道之间的夹角[8]，也就是使分岔式隧道中隔墙的宽度最大程度地增大，并减小隧道连拱段和小间距段的长度，从而提高隧道的稳定性，保障施工质量和安全。分岔式隧道根据断面的不同，可分为大拱段隧道、连拱段隧道、小净距段隧道和分离段隧道[9-10]。连拱隧道施工时，首先要保持中隔墙的稳定，施工过程中，根据设计文件要求对中隔墙进行实时监测。根据施工的实际情况，如有必要可以进行设计变更，及时调整中隔墙支撑的位置、数量，必须使中隔墙顶部的填充处于密实状态[11-12]。连拱隧道在对左隧洞和右隧洞进行开挖时，二者应错开一定的距离。连拱隧道的拱肩部位会出现应力集中现象，容易被破坏，而拱腰部位受力较均衡，不易出现损伤。因此，在对连拱隧道进行支护设计时，必须对其拱肩部位加强支护，对拱腰处的支护强度进行适当的减小[13-14]。此外，连拱隧道中隔墙上部、直中墙的上部和底部、曲中墙的上部等部位的岩土体均处于易失稳状态，需要在隧道设计时加强支护。

1.2.2　小净距段隧道开挖工法研究

小净距隧道是一种适应性较强、不同于分离式隧道和连拱隧道的新型隧道结构形式，既能够满足隧道在复杂地形条件下线桥隧衔接方式和整体线形的要求，也可以充分发挥隧道中岩墙自稳性能、缩短施工周期、控制施工安全与质量[15-16]。其施工方法与一般分离式隧道相差不大，但由于小净距隧道双洞间中岩墙宽度较小，先、后行洞之间开挖相互影响较大，围岩受力情况复杂，在施工过程中极易发生围岩失稳和衬砌结构破坏等现象[17]。因此，小净距隧道施工要点在于选择合适施工方法和顺序，控制爆破震动，根据不同情况选择中岩墙加固处治方案，并且对隧道围岩、支护进行监控测量，减小由于净距过小而引起的不利影响。近年来，小净距隧道的相关研究成果主要集中在先、后行洞之间的开挖影响[18-19]，隧道合理净距和两洞滞后距离的确定[20-21]，中岩墙的加固处理[22-23]，隧道爆破震动的监测分析[24-25]，施工智能辅助决策系统的开发等方面，取得了许多成果。

龚建伍[26]结合福州国际机场高速公路鹤上大断面小净距隧道工程实际，建立了大断面小净距隧道施工动态有限元分析程序，对隧道施工方案的优化进行了数值模拟分析。分析中模拟了双侧壁导坑法、中隔壁法和上下台阶法3种施工方案，对拱顶下沉、地表沉降、中间岩柱应力、围岩稳定性等进行了对比分析，并结合鹤上隧道围岩实际情况，在隧道出口V级围岩段，改双侧壁导坑法为中隔壁法，顺利完成了施工，对降低施工成本、加快施工进度均起到了较好的作用，研究结果可为类似条件下大断面小净距隧道的设计、施工提供借鉴与参考。李文华[27]以长沙地铁2号线滦湾镇停车线区间超小净距大断面暗挖隧道为依托，采用有限元软件MIDAS/GTS建立两平行圆形洞室的二维计算模型，对比分析小净距双线隧道不同暗挖方法对中岩墙稳定性的影响，提出了合理的施工方法，对超小净距大断面隧道的设计与施工有着非常重要的理论和实践的研究意义。

小净距隧道在设计时，中隔墙要加强支护，中隔墙的支护一般采用预应力锚杆支护[28]（可以增强中隔墙的侧压）。此外，靠近连拱段的小净距隧道以及在地质条件较差地段可采用超前小导管、注浆加固等手段来进行支护。针对不同地区的隧道，施工工法应根据当地地形来做适当的调整。以西南地区某山岭隧道为例[29]，该隧道位于西南岩溶发育地区，通过三维有限元数值分析，研究在环形开挖预留核心土法（先行洞）及CD法（后行洞）组合施工情况下的分岔过渡段围岩形变规律和支护结构的力学特性。研究结果表明：相比后行洞CD法开挖，先行洞所采用的环形开挖预留核心土法对围岩扰动性较大，隧道左、右洞易出现差异沉降；极小净距段落的中夹岩柱厚度较薄，承载能力偏弱，施工过程中易出现净空收敛扩容现象；后行洞CD法在进行侧导洞临时支护拆除时易产生结构偏压荷载。

1.2.3　分岔隧道超小净距段中岩墙受力特性及稳定性研究

分岔隧道在超小净距段内左右洞线间距小，相互影响干扰大，隧道建设成败的关键是小净距段的稳定，而小净距段稳定的决定因素就是中岩墙的安全可靠。同时中岩墙存在厚度小，渐变且不规则，围岩自承能力差等问题。国内学者和技术人员围绕上述问题也开展了大量的研究。

杨元洪等[30]以都香高速江口隧道为依托，通过方案研究确定采用分岔隧道，并对分岔隧道分岔部位和合理张开度，以及中夹岩柱的处治进行了探讨。姜彦彦等[31]采用大型有限元软件ABAQUS，对地下工程开挖面的空间效应进行了分析，得到隧道开挖过程中开挖面拱顶点的沉降分布规律和经验表达式，以及小净距隧道开挖面空间效应的相互影响规律，并将分析结果与现场实测数据进行比较验证。朱长安[32]以西北某铁路分岔隧道为依托工程，采用数值分析的方法，分析得到了隧道围岩变形、应力状态、塑性区分布规律以及围岩可能出现的破坏模式，揭示了受力薄弱和关键部位，为分岔隧道顺利开挖提供技术支撑，可为类似工程提供参考。胡剑兵等[33]对施工过程进行数值仿真模拟，着重分析研究大拱与连拱过渡段和连拱以及小净距过渡段施工过程中的围岩变形和破坏特性，表明围岩爆破松动区以及小净距墙体之间的局部区域均存在着一定的塑性区分布，支护在隧道开挖过程中承受了很大的应力，认为可采用对穿预应力锚杆，以增强此围岩区域的应力水平，抵抗围岩过大变形。此外，还有不少学者[34-40]对分岔隧道稳定性问题进行了研究。

1.2.4　小净距隧道中岩墙受力特性及稳定性研究

目前小净距隧道的相关研究多集中在双线隧道的施工工序和施工工法[41-42]，中岩墙的稳定性和控制措施研究[43-45]，双线净距优化[46]以及双洞相互影响[47]等方面。

刘明高[48-49]对不同的中岩墙加固手段进行了调研，对中岩墙加固机理和加固方法进行了详细的比较分析。得出以下结论：在低等级围岩中小导管注浆具有更好的效果，而在高等级围岩中使用系统锚杆更为合理，在比较差的围岩中则需要小导管注浆和预应力水平锚杆共同使用。姚勇使用数值分析的手段，对不同级别围岩条件下小净距隧道中岩墙的力学特性进行了研究，并得到以下结论：中岩墙的加固方式应综合考虑净距、围岩级别等各种因素决定，在高等级围岩中使用锚杆效果较好，在低等级围岩中使用注浆加固效果较好。朱玉龙[50]以深圳地铁7号线皇福区间矿山法小净距隧道工程为背景，通过数值分析方法，对不同初期支护、不同开挖顺序、不同围岩级别下的中岩墙位移和塑性区发展情况进行了分析，同时对各种加固方式的效果进行了研究。刘阳依托玉函路小净距隧道，通过对比中岩墙的竖向位移、水平位移和应力分布与单洞开挖的区别，得到了中岩墙不同部位受影响的严重程度。谭坤[51]对中岩墙的不同部位进行了区域划分，在此基础上，对不同加固措施组合的加固效果进行了研究。同时指出，中岩墙的应力较大，在加固时应当优先考虑。刘芸[52]指出应当在对中夹岩进行区域划分的基础上，探讨中夹岩的对应加固方式。并使用二维有限元方法对不同加固方式进行了研究，结果表明：对中岩墙进行加固可以有效地提高围岩的稳定性，在软弱围岩中应优先使用注浆加固的方式。蔡闽金[53]结合现场施工，对不同的施工空间顺序下中夹岩的受力特征进行了分析，进而明确出中夹岩的破坏机理，在此基础上建立了小净距隧道中夹岩的稳定性评价模型和方法。姚云[54]以某软弱围岩小净距隧道为工程背景，使用ABAQUS软件建立了三维有限元模型，通过分析施工开挖前后中夹岩的主应力和安全系数变化情况，对中夹岩的稳定性变化规律和注浆加固效果进行了分析。丁玉仁[55]依托龙兴岭小净距隧道，使用现场量测的方法，对开挖过程中中岩墙的水平位移进行了研究。结果表明：中夹岩的内侧在开挖过程中先产生背向后行洞的位移，后趋于稳定。

1.3 本书内容

1.3.1 工程概况

课题组以曾家岩北延伸段项目为背景，依托火凤山隧道的修建开展研究。曾家岩北延伸段项目位于重庆市两江新区，如图1-1所示，起始位置位于人兴路，终点位于曾家岩大桥项目，道路左线全长约5.32 km，右线全长约 4.86 km。设计行车速度为50 km/h，双向六车道。根据项目功能需求，共设2处匝道和4处连接线，均采用单车道形式，设计速度为30 km/h。主线隧道分别在ZK3+303、YK2+977与两处连接线相连，共同构成"Y"字形分岔隧道。

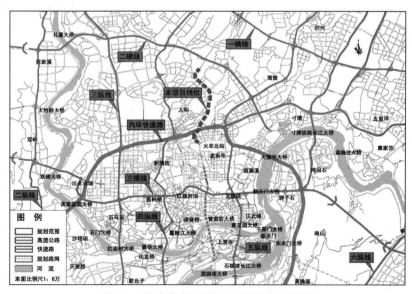

图1-1 曾家岩北延伸段项目生态毯示意

其中，火凤山隧道位于该项目二标段，设计为双线公路隧道，是该项目的主体工程。火凤山隧道位于城市中心地带，下穿城市密集建筑群，隧道主线为双向6车道，隧道主线的建筑限界宽度为13.25 m。为满足设计要求，隧道设计为分岔隧道，隧道主线在与连接线相交前隧道断面需经加宽段多次加宽，隧道跨度依次由标准加宽至17.45 m、20 m和25 m，隧道断面也随之加大，最大开挖断面面积超过400 m²，净空断面面积为296.1 m²。为便于描述，将加宽段分为两部分：特大断面段与变截面段。又根据隧道开挖跨度进一步将特大断面段分为标准段、17.45 m加宽段、20 m加宽段和25 m加宽段，将变截面段分为标准～17.45 m变截面段、17.45～20 m变截面段、20～25 m变截面段。隧道三维空间结构图如图1-2所示。

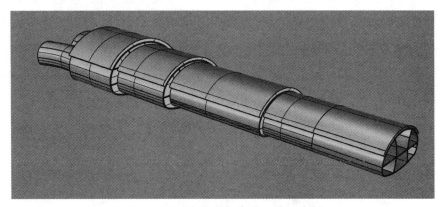

图1-2 火凤山隧道加宽段三维结构图

1.3.2 主要内容

本书以火凤山隧道为工程依托，针对特大断面城市小净距隧道的支护结构力学特性开展研究，具体从围岩位移、围岩应力及支护结构内力等方面进行分析，并考虑隧道施工对地表建筑的影响。

本书选取火凤山隧道分岔隧道段作为研究对象进行研究，具体研究内容如下。

1．特大断面城市小净距分岔式隧道合理开挖顺序及开挖方向研究

通过数值模拟对火凤山隧道左线分岔段小净距隧道的开挖顺序和连接线开挖方向进行了计算分析。通过对比主线先挖和连接线先挖确定小净距隧道的合理开挖顺序，在此基础上分别计算连接线由小里程往大里程开挖和相反方向开挖，以此确定连接线隧道合理开挖方向。

2．特大断面城市小净距分岔式隧道施工工法优化研究

通过模型试验对非对称小净距段隧道左右线分别使用不同开挖工法时支护结构的力学特性进行研究，接着通过数值模拟对分岔段小净距隧道左右线施工工法进行优化计算，优选最适合本围岩条件下的双洞隧道开挖关键工法。施工工法研究内容包括开挖方法研究和开挖进尺研究。在上述合理工法确定之后，通过数值分析的方式进一步对施工工法进行优化，为现场施工提供合理的理论指导和施工建议。

3．特大断面城市小净距分岔式隧道中岩墙变形特性与加固技术研究

对火凤山隧道左线分岔小净距隧道中岩墙的加固方式、中岩墙的力学行为、中岩墙加固效果进行了研究，设计了两种合理的分区加固方式，并对两种加固方式进行了数值计算对比，对其加固效应进行了相应评价，最终提出一种合理的小净距隧道中墙加固方式。

4．特大断面城市小净距分岔式隧道支护参数优化研究

通过数值模拟对分岔段小净距隧道左右线的支护参数进行优化计算，优选最适合本围岩条件下的双洞隧道支护参数，以期为现场施工提供合理的理论指导和施工建议。支护参数计算包括喷射混凝土厚度研究和钢拱架间距研究。

第2章　特大断面城市小净距分岔式隧道合理开挖顺序及开挖方向研究

本章通过数值模拟对火凤山隧道左线分岔段小净距隧道的开挖顺序和连接线开挖方向进行了计算分析，通过对比主线先挖和连接线先挖确定小净距隧道的合理开挖顺序，在此基础上分别计算连接线由小里程往大里程开挖和相反方向开挖，以此确定连接线隧道合理开挖方向。

2.1　分岔小净距隧道合理开挖顺序研究

2.1.1　施工方案与计算模型确定

1. 开挖方式

根据设计文件，左线分岔段处连接线隧道使用台阶法进行开挖，主线隧道使用三台阶弧形导坑法进行开挖，以"少扰动、弱爆破、短进尺、快封闭、强支撑、勤量测"的原则，合理利用围岩的自承能力。开挖采用光面爆破或预裂爆破技术掘进，采用多打眼少装药的原则。初期支护应及时跟进并封闭，二衬宜在初期支护和围岩变形收敛后进行浇筑。图2-1和图2-2为开挖工法示意图。

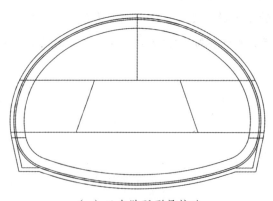

（a）三台阶弧形导坑法

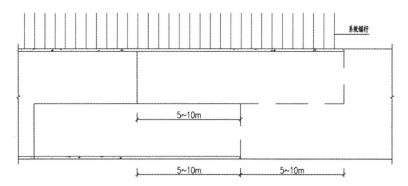

（b）三台阶弧形导坑法开挖纵断面示意图

图2-1　三台阶法开挖横向和纵向示意图

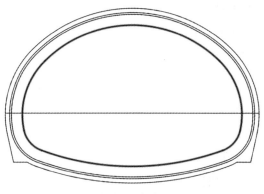

（a）双台阶法

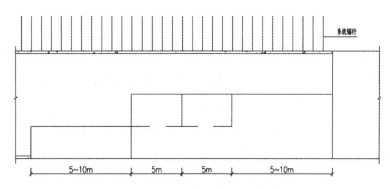

（b）双台阶开挖纵断面示意图

图2-2　双台阶法开挖横向和纵向示意图

2. 施工顺序

1）三台阶弧形导坑法

（1）主线上台阶左右分步开挖；

（2）主线上台阶初期支护；

（3）主线中左台阶开挖；

（4）主线中左台阶初期支护；

（5）主线中右台阶开挖；

（6）主线中右台阶初期支护；

（7）主线中台阶开挖；

（8）主线下台阶开挖；

（9）主线下台阶初期支护；

（10）主线仰拱浇筑；

（11）主线浇筑拱墙及仰拱二衬。

2）双台阶法

（1）连接线上台阶开挖；

（2）连接线上台阶初期支护；

（3）连接线下台阶开挖；

（4）连接线下台阶初期支护；

（5）连接线仰拱浇筑；

（6）连接线浇筑拱墙及仰拱二衬。

3. 支护参数

连接线隧道和主线隧道均采用复合式衬砌结构设计，初期支护以锚杆、钢筋网、湿喷混凝土、钢拱架等为主要手段，并采用超前锚杆的预支护方式，以确保稳固安全，并充分发挥围岩的自承能力。二次衬砌采用C35防水混凝土，施工时采用台车模注现浇，每次浇筑长度为8 m。支护参数如表2-1所示。

表 2-1　隧道支护参数

项目	C25 喷射混凝土	系统锚杆（环 × 纵）	钢支撑	钢筋网	C35 二衬
主线隧道	24 cm	25 砂浆锚杆@100 cm×80 cm，L=3.5 m	18 工字钢拱@80 cm	20 cm×20 cm	55 cm
连接线隧道	22 cm	25 砂浆锚杆@100 cm×80 cm，L=3 m	16 工字钢拱@80 cm	20 cm×20 cm	45 cm

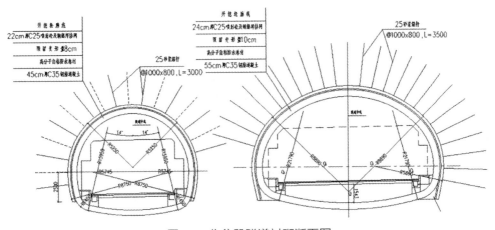

图2-3　分岔段隧道衬砌断面图

图2-3中左侧为金开大道A连接线隧道衬砌断面图。金开大道A连接线长899.076 m，隧道净宽8.5 m，设计为单向车道，初期支护中的C25喷射混凝土厚度为22 cm，预留变形量为8 cm，二衬为C35混凝土，厚度为45 cm，注浆锚杆直径为25 mm，长度为3.0 m。右侧为火凤山隧道分岔后主线衬砌断面图。主线隧道净宽13.25 m，设计为双向六车道，C25喷射混凝土厚度为24 cm，预留变形量为10 cm，二衬为C35混凝土，厚度为55 cm，注浆锚杆直径为25 mm，长度为3.5 m。

4. 计算模型确定

根据重庆火凤山隧道纵断面地质及典型横断面资料，建立三维网格模型，山体范围沿隧道纵向取80 m。根据理论分析，对于弹性、均质并且处于无限域的介质中开挖的洞室，由于洞室开挖引起的介质应力场和应变场的改变，对开挖洞径3倍范围外的影响一般已经小于5%，对开挖洞径5倍范围以外的影响已经低于1%。故沿左、右线隧道中心线向各自两侧延伸2～3倍最大开挖洞径，两线隧道各自距模型边界最小距离约为62 m，隧道距模型底部距离约为59 m，顶部至地表自然坡面。

根据设计图纸，金开大道A连接线隧道分岔处的曲线半径较大，接近240 m，计算的主要研究对象为超小净距区（隧道分岔后约18.5 m范围内），在研究选取段内，根据连接线偏转曲率情况对连接线隧道进行建模。根据图纸测得，连接线隧道对于主线隧道的偏转角为15°左右，如图2-4所示。

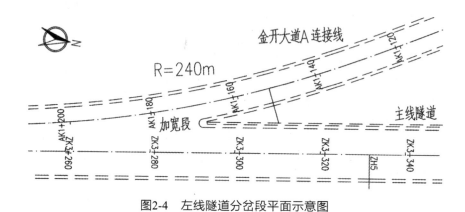

图2-4 左线隧道分岔段平面示意图

管棚和超前锚杆等超前支护的模拟采用提高加固区围岩强度参数的形式来模拟，依据管棚和超前锚杆的打入外插角度以及浆液扩散半径，右线隧道拱顶加固区厚度设置为0.8 m，分岔后的主线和连接线隧道拱顶加固区厚度取1.0 m。模型的边界条件设置为限制左、右、前、后四个边界面垂直于平面方向的位移，模型底面限制垂直于平面和平行于平面方向的位移。初期支护喷射混凝土层和钢筋网根据抗压强度等效准则合并使用shell单元，隧道二次衬砌采用实体单元模拟，锚杆采用cable结构单元模拟。计算时隧道围岩应力-应变特性按弹塑性材料处理，破坏模式采用莫尔−库仑（Mohr-Coulomb）准则，因其需要的参数容易确定，且很适合分析以极限承载力为分析重点的弹塑性问题。围岩及隧道内开挖土采用实体单元。模型网格总数为625 174个，节点个数为

173 178个，为加快计算效率及稳定性，靠近隧道的网格划分较密集，远离隧道的围岩网格尺寸较大，计算整体模型如图2-5、图2-6和图2-7所示。

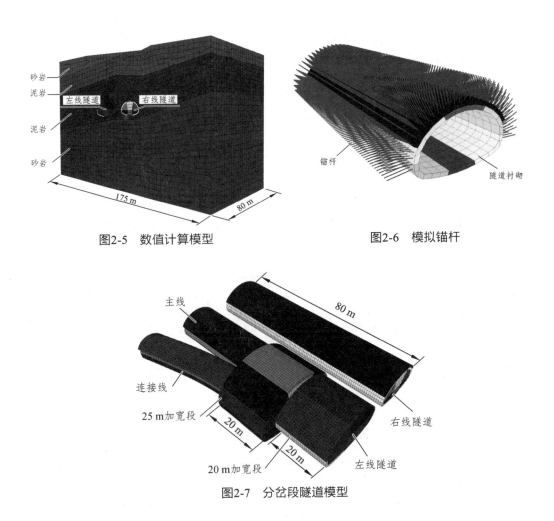

图2-5　数值计算模型

图2-6　模拟锚杆

图2-7　分岔段隧道模型

2.1.2　计算参数及工况选取

施工中初期支护由喷射混凝土、系统锚杆、钢支撑和钢筋网共同构成。在进行建模时，根据实际情况，喷射混凝土厚度同样设置为主线隧道24 cm、连接线隧道22 cm，使用shell结构单元进行模拟；锚杆同样按照主线@100 cm×80 cm，L=3.5 m，连接线@100 cm×80 cm，L=3.0 m的规格进行设置，使用cable单元进行模拟，注浆刚度设置为17.5 MPa；钢筋网的模拟较为困难，因此将钢筋网作为安全储备看待，不进行单独模拟；对于钢支撑，使用等效计算的方法来进行模拟，即将钢支撑的弹性模量折合给喷射混凝土，计算公式为：折算后喷射混凝土的弹性模量=钢支撑截面积钢材弹性模量/混凝土的截面积+混凝土的弹性模量。

隧道围岩视为弹塑性材料，采用Mohr-Coulomb屈服准则，使用三维实体单元进行模拟，计算时需要输入密度、弹性模量、泊松比、黏聚力、摩擦角等参数。二衬视为弹性材料，使用三维实体单元进行模拟，其中体积模量和剪切模量根据FLAC3D提供的弹性力学公式换算求得：

$$K = E /[3(1-2\mu)]，\quad G = E /[2(1+\mu)]$$

式中：E为弹性模量；μ为泊松比。

由于隧道埋深较浅，计算时仅考虑自重应力场。各材料的计算参数如表2-2所示。

表2-2　材料计算参数

项目		密度 / (kg/m³)	弹性模量 / GPa	泊松比	黏聚力 / kPa	摩擦角 / (°)	厚度 / m
泥岩		2 510	1.31	0.32	150	31.52	—
砂岩		2 510	2.83	0.25	420	34.51	—
超前加固区		2 510	1.61	0.32	195	31.52	—
左线 20 m 加宽段	初期支护	2 400	30.04	0.20	—	—	0.32
	临时支护	2 400	28.98	0.20	—	—	0.28
	二次衬砌	2 400	31.50	0.20	—	—	0.95
左线 25 m 加宽段	初期支护	2 400	29.69	0.20	—	—	0.35
	临时支护	2 400	28.98	0.20	—	—	0.28
	二次衬砌	2 400	31.50	0.20	—	—	1.20
连接线 隧道	初期支护	2 400	28.14	0.20	—	—	0.22
	临时支护	2 400	—				
	二次衬砌	2 400	31.50	0.20	—	—	0.45

续表

项目		密度 / （kg/m³）	弹性模量 / GPa	泊松比	黏聚力 / kPa	摩擦角 / （°）	厚度 / m
分岔后 主线隧道	初期支护	2 400	28.30	0.20	—	—	0.24
	临时支护	2 400	—	—	—	—	—
	二次衬砌	2 400	31.50	0.20	—	—	0.55

　　本次计算研究内容为分岔小净距隧道不同开挖顺序对隧道洞身及中墙稳定性产生的影响，因此工况设定为两种：工况一为先开挖连接线，待连接线二衬施作完成后再开挖主线；工况二为先开挖主线，待主线二衬施作完成后再开挖连接线。两种工况除了开挖顺序不同，工法及支护参数均相同，如表2-3所示。

表 2-3　计算工况

编号	分岔隧道	开挖工法	先行隧道	后行隧道
工况一	连接线隧道	台阶法	主线隧道	连接线隧道
	主线隧道	三台阶弧形导坑开挖		
工况二	连接线隧道	台阶法	连接线隧道	主线隧道
	主线隧道	三台阶弧形导坑开挖		

　　地表建筑的结构荷载取值参照《建筑桩基技术规范》相关条款选用，其中屋面活荷载取民用建筑屋面均布活荷载标准值，取为2 kPa。楼面活荷载按照住宅楼面均布活荷载，取为3 kPa，并按照表2-4对楼层折减系数计算。根据表2-5，小区居民楼为框架-剪力墙结构，结构自重取为12 kPa，隔墙重量取为4 kPa。

表 2-4　楼层折减系数

基础以上楼层数 n	1	2 ~ 3	4 ~ 5	6 ~ 8	9 ~ 20	>20
折减系数 r	1.00	0.85	0.75	0.65	0.60	0.55

表 2-5 单层结构自重

结构类型	墙体材料	自重 /（kN/m²）
框架	轻质墙	8.0 ~ 12.0
	砖墙	10.0 ~ 14.0
框架 - 剪力墙	轻质墙	10.0 ~ 14.0
	砖墙	12.0 ~ 16.0
剪力墙	混凝土	14.0 ~ 18.0

数值模拟中，在进行初始自重应力计算完成后，根据火凤山隧道左线分岔段平面图，将建筑荷载对应施加到模型顶部，模拟地表建筑群对隧道开挖的影响，如图2-8所示。

图2-8　建筑荷载施加示意图

2.1.3　计算开挖设计

分岔后的主线隧道采用三台阶弧形导坑法开挖，连接线采用上下台阶法开挖，各台阶错距为8 m，各工况实现开挖支护循环作业。

结合火凤山隧道金开大道A连接线与隧道主线分岔段施工步序设计资料，在进行分岔后的两个隧道洞身开挖时，为保证施工安全性，分岔段前端25 m加宽段和20 m加宽段所在特大断面隧道双侧壁中部导洞未进行开挖。故本次计算时，待主线隧道和连接线隧道超小净距段二衬施作完成以后，加宽段内的中导洞再进行后期施工，最后施作20 m加宽段和25 m加宽段隧道二次衬砌结构。

分岔小净距隧道开挖时，主线和连接线隧道均为单独开挖，待其中一个隧道二衬施作完成后再对另一个隧道进行开挖支护。计算时采用的具体施工步序如下所述：

（1）右线隧道循环开挖、支护并施作二衬。

（2）隧道20 m和25 m加宽段双侧壁两侧进行开挖并施作喷锚支护，中导坑暂不开挖。

（3）主线隧道（连接线隧道）分部开挖，循环进尺为0.8 m，台阶错距为8 m，每个开挖步完成后施作相应部位的锚杆结构和喷射混凝土支护，直至隧道开挖完毕。在距离隧道开挖下台阶20 m施作二次衬砌支护结构，每次施作8 m范围。

（4）连接线隧道（主线隧道）分部开挖，循环进尺为0.8 m，台阶错距为8 m，循环开挖并施作二衬结构。

（5）20 m加宽段中导洞上下台阶开挖，循环进尺为0.8 m，施作顶部锚杆和横向临时支护。

（6）25 m加宽段中导洞上下台阶开挖，循环进尺为0.8 m，施作喷射混凝土、锚杆结构和横向临时支护。

（7）分别拆除20 m和25 m加宽段隧道临时支护并施作二次衬砌结构，封闭成环，形成稳定结构。

2.1.4　监测点布置方案

隧道分岔段超小净距区内，主线与连接线之间的净距离由1.5 m逐渐增加到6.5 m，两隧道之间的距离非常接近，施工中如何减少两洞之间施工的相互影响和保证中墙稳定是分岔小净距隧道施工的关键难点。

因此监测点布置主要分为分岔隧道洞周特征点位移监测、中墙特征点位移监测和地表沉降位移监测。

1. 隧道洞周特征点位移监测

在进行分岔隧道合理开挖顺序计算时，隧道洞周特征点位移监测主要布置于超小净距区范围内，在主线隧道洞室周围布置了25个特征点，在连接线隧道洞室周围布置了21个特征点，特征点编号布置情况如图2-9所示。计算中记录每一次开挖步时隧道各监测点的x、y和z三个方向上的位移变化值。

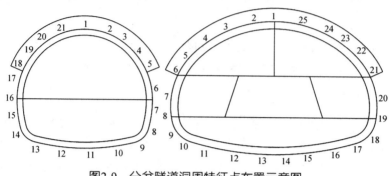

图2-9　分岔隧道洞周特征点布置示意图

2. 中墙特征点位移监测

为研究分岔小净距隧道开挖过程中的中墙稳定性情况，在分岔段超小净距区内，对主线隧道与连接线隧道中部的中墙位移进行了监测，按照竖向方向间隔1.0 m总共布置了11个监测点，如图2-10所示。特征点断面选择如图2-11所示，总共选择3个监测断面，均位于超小净距区。

3. 地表沉降位移监测

分岔段隧道上方的地表沉降进行监测时，以隧道上方两侧偏离竖向45°范围内为监测对象，每间隔5 m布置1个监测点，总共布置30个地表监测点，记录开挖过程中地表的沉降量。

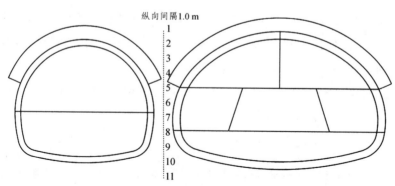

图2-10　分岔隧道中墙特征点布置示意图

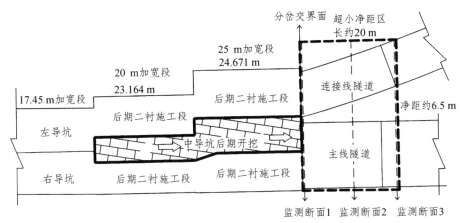

图2-11　分岔隧道特征点断面选择示意图

2.1.5　洞周特征点位移对比分析

为研究特大断面城市分岔小净距隧道开挖时超小净距段隧道洞周位移变化规律，沿纵向间隔10 m布置了3个监测断面，每个监测断面中主线隧道沿洞周布置了25个特征点，连接线隧道沿洞周布置了21个特征点。

1. 主线为先行洞

1）小净距隧道洞周水平位移变化规律

绘制了分岔段小净距隧道开挖过程中各监测断面洞周特征点的水平位移分布曲线，如图2-12和图2-13所示。

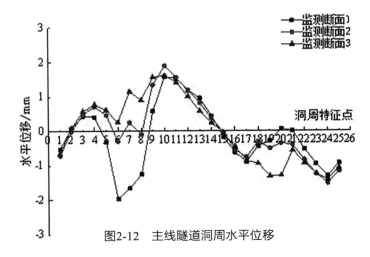

图2-12　主线隧道洞周水平位移

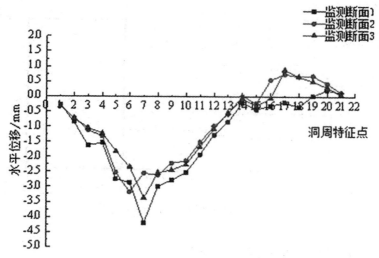

图2-13　连接线隧道洞周水平位移

　　主线隧道3个断面洞周水平位移沿洞周的变化规律相似，主线隧道靠近连接线隧道的一侧水平位移值和变化幅度明显大于远离连接线隧道的一侧，特别是监测断面1在靠近连接线的一侧变化斜率大。主线隧道3个洞周依次在左侧的特征点6、10和10水平位移值最大，一般为1.5～2.0 mm，右拱顶、右拱腰和右拱脚的水平位移值普遍小于1.6 mm。连接线隧道3个断面洞周水平位移沿洞周的变化规律相似，连接线隧道靠近主线隧道的一侧水平位移值和变化幅度明显大于远离主线隧道的一侧，特别是监测断面1在靠近连接线的一侧变化斜率大，连接线隧道3个洞周依次在右拱腰附近的特征点7、6和7水平位移值最大，一般为3.0～4.5 mm，左拱顶、左拱腰和左拱脚的水平位移值普遍小于1.0 mm。

　　2）小净距隧道洞周竖向位移变化规律

　　绘制了分岔段小净距隧道开挖过程中各监测断面洞周特征点的竖向位移分布曲线，分别如图2-14和图2-15所示。

　　从图中可以看出：主线隧道3个断面洞周竖向位移的沿洞周的变化规律相似，数值相近；在拱底有向上的位移，一般为9.0～10.0 mm，拱顶有向下的位移，一般为14～17 mm；右拱脚和左拱腰处的竖向位移最小，小于3 mm。连接线隧道3个断面洞周竖向位移的沿洞周的变化规律相似，数值相近，连接线隧道的

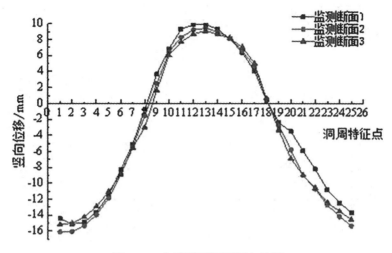

图2-14　主线隧道洞周竖向位移

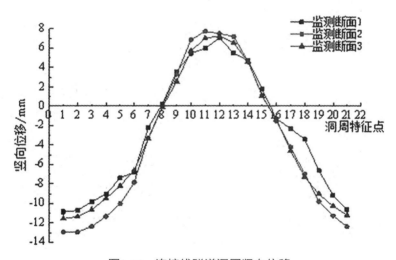

图2-15　连接线隧道洞周竖向位移

竖向位移值普遍小于主线隧洞；在拱底有向上的位移，一般为5～8 mm，拱顶有向下的位移，一般为14～16 mm；左右拱脚处的竖向位移最小，小于5 mm。

2. 连接线为先行洞

1）小净距隧道洞周水平位移变化规律

绘制了分岔段小净距隧道开挖过程中各监测断面洞周特征点的水平位移分布

曲线，分别如图2-16和图2-17所示；绘制了特征点水平位移沿纵向变化曲线，分别如图2-18和图2-19所示。

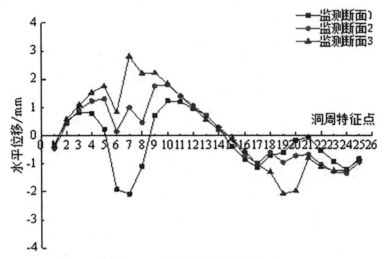

图2-16 主线隧道洞周水平位移

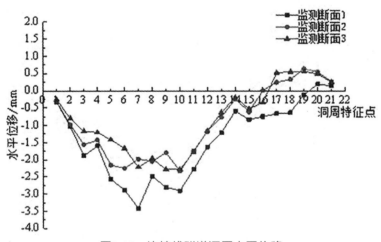

图2-17 连接线隧道洞周水平位移

从图中可以看出：连接线隧道3个断面洞周水平位移的沿洞周的变化规律相似，连接线隧道靠近主线隧道的一侧水平位移值和变化幅度明显大于远离主线隧道的一侧；3个断面分别在右拱脚处的特征点7、10和9水平位移值最大，一般为

2.5～3.5 mm，左拱顶、左拱腰和左拱脚的水平位移值普遍小于1 mm；随连接线与主线距离增加，3个监测断面的水平位移值普遍逐渐减少。主线隧道3个断面洞周水平位移沿洞周的变化规律相似，主线隧道靠近连接线隧道的一侧水平位移值和变化幅度明显大于远离主线隧道的一侧，特别是监测断面1在靠近连接线的一侧变化斜率大；连接线右拱脚处的特征点7、10和7水平位移值最大，一般为2.0～3.0 mm，左拱顶、左拱腰和左拱脚的水平位移值普遍小于2 mm。

2）小净距隧道洞周竖向位移变化规律

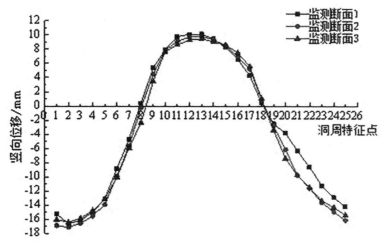

图2-18　主线隧道洞周竖向位移

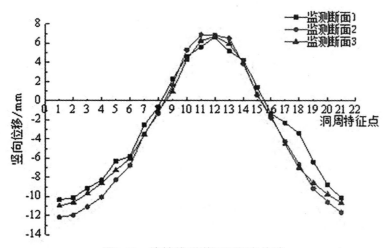

图2-19　连接线隧道洞周竖向位移

从图中可以看出：连接线隧道3个断面洞周竖向位移的沿洞周的变化规律相似，数值相近；随连接线与主线距离增加，3个监测断面的竖向位移值普遍逐渐减少；在拱底有向上的位移，一般为5.0～6.0 mm，拱顶有向下的位移，一般为10～12 mm；右拱脚和左拱腰处的竖向位移最小，小于3 mm。主线隧道3个断面洞周竖向位移的沿洞周的变化规律相似，数值相近，主线隧道的竖向位移值普遍大于连接线隧洞；在拱底有向上的位移，一般为9～10 mm，拱顶有向下的位移，一般为15～17 mm；左右拱脚处的竖向位移最小，小于4 mm。

在两种工况下，连接线和主线隧道各监测断面的水平位移和竖向位移数值相近，变化趋势类似。工况一下，主线隧道的水平位移最大值约为3 mm，竖向位移最大值17 mm，连接线隧道的水平位移最大值约为3.5 mm，竖向位移最大值12 mm；工况二下，主线隧道的水平位移最大值约为2 mm，竖向位移最大值16 mm，连接线隧道的水平位移最大值约为4.5 mm，竖向位移最大值13 mm。

2.1.6　中岩墙特征点位移对比分析

在模型的中岩墙的中轴线不同深度处共设置了11个特征点来提取隧道开挖后围岩的应力，中岩墙特征点示意图如图2-10所示。

1. 主线隧道为先行洞

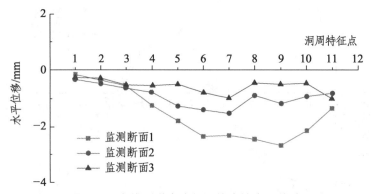

图2-20　主线隧道为先行洞的中墙水平位移

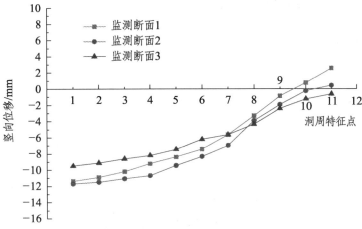

图2-21　主线隧道为先行洞的中墙竖向位移

从图2-20和图2-21的中墙位移可知，测点的竖向位移变化规律与连接线先行一致，都呈现测点竖向位置下降其竖向位移呈现减小的趋势，测点1的竖向位移值最大，为－11.697 5 mm，测点10处的竖向位移趋于稳定，1号、2号监测断面的测点11位移为正，向上隆起，最大值为2.577 mm。分析竖向位移的变化趋势，隧道上部土体位移值较大，主线隧道和连接线隧道中部岩层的位移值随着测点竖向位置的下降而下降，测点竖向位置下降到一定范围内呈现土体隆起的趋势。

从测点水平位移变化规律可以看出，整体变化呈现先增大后减小的趋势，1号测点的水平位移变化较小，最小为－0.177 4 mm。主线隧道和连接线隧道的中部测点水平位移较大，最大为－2.676 mm，且测点水平位移整体呈现向左移动的趋势。

2. 连接线隧道为先行洞

从图2-22和图2-23的中墙位移可知，测点的位置越往下移，其竖向位移呈现减小的趋势，测点1的竖向位移值最大，为－11.915 2 mm，测点10处的竖向位移趋于稳定，1号、2号监测断面的测点11位移为正，向上隆起，最大值为2.324 mm。分析竖向位移的变化趋势，隧道上部土体位移值较大，主线隧道和连接线隧道中部岩层的位移值随着测点竖向位置的下降而下降，测点竖向位置下降到一定范围内呈现土体隆起的趋势。

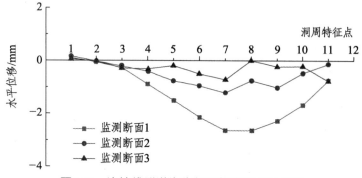

图2-22　连接线隧道为先行洞的中墙水平位移

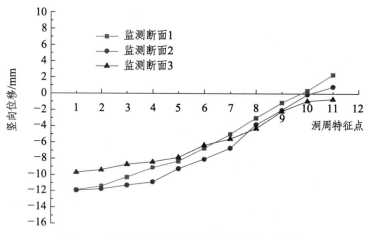

图2-23　连接线隧道为先行洞的中墙竖向位移

从测点水平位移变化规律可以看出，整体变化呈现先增大后减小的趋势，1号、11号测点的水平位移变化较小，最小为0.062 mm。主线隧道和连接线隧道的中部测点水平位移较大，最大为−2.65 mm，且测点水平位移整体呈现向左移动的趋势。

总结以上两种工况下中岩墙特征点位移分布图可知，在分别以主线为先行洞和以连接线为先行洞的计算结果来看，竖向位移的最大值相差较小，均为11.8 mm左右，连接线先行测点的最大隆起值2.324 mm小于主线先行的2.577 mm，且从水平位移的变化率来看，连接线先行优于主线先行。

2.1.7　支护受力对比分析

本节提取分岔后的小净距主线隧道、连接线隧道和分岔前的加宽段隧道的初期支护受力云图，综合对比主线为先行洞和连接线为先行洞两工法下隧道初期支护结构受力情况。主应力指的是物体内某一点的微面积元上剪应力为零时的法向应力，应力值规定正值受拉，负值受压。

1．主线隧道为先行洞

提取先单独开挖主线隧道再开挖连接线隧道，最后开挖加宽段中导坑工法下主线隧道、连接线隧道和加宽段隧道的初期支护最大主应力云图和最小主应力云图。为了便于对比，将分岔后的隧道和分岔前的隧道分别单独显示，分布如图2-24和图2-25所示。

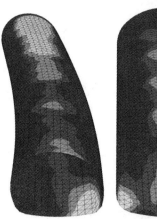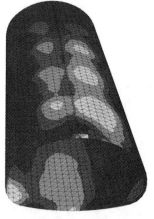

Shell Maximum Principal Stress
Surface-X = (1,0,0)
Depth Factor = 0

5.5316E+06
5.5000E+06
5.0000E+06
4.5000E+06
4.0000E+06
3.5000E+06
3.0000E+06
2.5000E+06
2.0000E+06
1.5000E+06
1.0000E+06
5.0000E+05
7.1443E-02

（a）小净距隧道初支

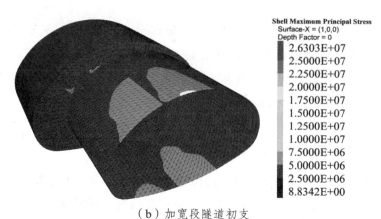

（b）加宽段隧道初支

图2-24　主线为先行洞隧道初期支护最大主应力图（单位：Pa）

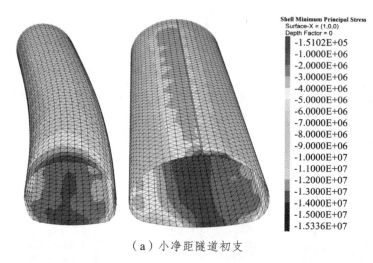

（a）小净距隧道初支

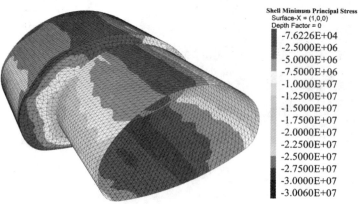

（b）加宽段隧道初支

图2-25　主线为先行洞隧道初期支护最小主应力图（单位：Pa）

隧道开挖后结构受力复杂，主应力用于描述结构微单元剪应力为零时的某一截面的法向应力。

图2-24隧道最大主应力图均为正值，为隧道受拉状态应力图。从图（a）可以看出，分岔后的小净距隧道最大主应力分布不均匀，隧道拱顶和拱底部分区域结构受力值较大，其中：主线隧道拱顶应力值最大为2.00 MPa，拱底应力最大值为1.23 MPa，靠近分岔界面；不考虑边界效应，连接线隧道拱顶应力值最大为1.00 MPa，拱底应力值最大为0.72 MPa左右。靠近分岔界面中墙墙角位置处两个隧道均出现小范围应力集中，应力值可达2.80 MPa。从图（b）可以看出，分岔前加宽段隧道拱顶和拱底位置最大主应力值较大，为3.57 MPa左右，隧道拱腰处应力值较小，由于开挖计算步序复杂，在20 m和25 m加宽段交界面和分岔交界面出现不同程度不同范围的应力集中，结构受力非常不利。

图2-25隧道最小主应力图均为负值，为隧道受压状态应力图。从图（a）可以看出，开挖完成时小净距隧道大部分均承受较大的压应力，拱底受力相对较小，隧道应力分布较为均匀，未出现明显应力集中现象。主线隧道受力最大位置为拱底和右拱肩中部处，应力值为－8.54 MPa；受隧道曲率的影响，连接线隧道拱腰处初支结构靠近中墙一侧应力值达－9.5 MPa，沿纵向分布范围较小。从图（b）可以看出，加宽段隧道最小主应力分布规律与小净距隧道相似，隧道拱顶和拱底位置应力值较小，拱腰位置应力值较大，最大可达11.24 MPa，在截面变化处，结构应力值分布不均匀，受力较大，在分岔交界面隧道支护结构受力差异高达7～8倍。

2. 连接线隧道为先行洞

提取先单独开挖连接线隧道再开挖主线隧道，最后开挖加宽段中导坑工法下主线隧道、连接线隧道和加宽段隧道的初期支护最大主应力云图和最小主应力云图，为了便于对比，将分岔后的隧道和分岔前的隧道分别单独显示，如图2-26和图2-27所示。

图2-26隧道最大主应力图均为正值，为隧道受拉状态应力图。从图（a）可以看出：分岔后的小净距隧道最大主应力分布不均匀，隧道拱顶和拱底部分区域结构受力值较大，其中主线隧道拱顶应力值最大为2.60 MPa，拱底应力最大值

为1.28 MPa，靠近分岔界面；不考虑边界效应，连接线隧道拱顶应力值最大为1.40 MPa，拱底应力值最大为1.04 MPa左右。靠近分岔界面中墙墙角位置处两个隧道均出现小范围应力集中，应力值可达2.98 MPa。从图（b）可以看出，分岔前加宽段隧道拱顶和拱底位置最大主应力值较大，为3.60 MPa左右，隧道拱腰处应力值较小，由于开挖计算步序复杂，在20 m和25 m加宽段交界面和分岔交界面出现不同程度不同范围的应力集中，结构受力非常不利。

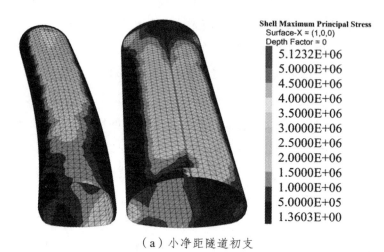

（a）小净距隧道初支

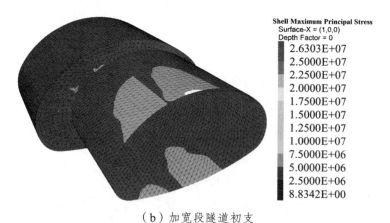

（b）加宽段隧道初支

图2-26　连接线为先行洞隧道初期支护最大主应力图（单位：Pa）

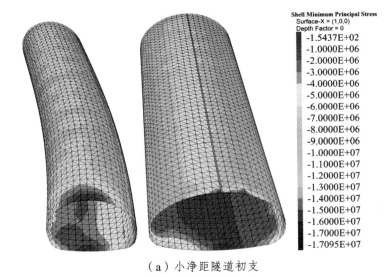

（a）小净距隧道初支

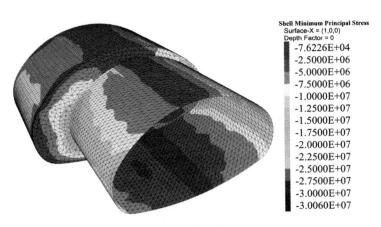

（b）加宽段隧道初支

图2-27　主线为先行洞隧道初期支护最小主应力图（单位：Pa）

图2-27隧道最小主应力图均为负值，为隧道受压状态应力图。从图（a）可以看出，开挖完成时小净距隧道大部分均承受较大的压应力，拱底受力相对较小，隧道应力分布较为均匀，未出现明显应力集中现象。主线隧道受力最大位置为拱底和右拱肩中部处，应力值为－9.50 MPa；受隧道曲率的影响，连接线隧道拱腰处初支结构靠近中墙一侧应力值达－11.21 MPa，沿纵向分布范围较小。从图（b）可以看出，加宽段隧道拱顶应力分布较均匀，数值为－3.50 MPa左右，

拱底应力值沿纵向分布均匀，数值为 −1.50 MPa左右。加宽段隧道拱腰位置应力值最大，可达11.20 MPa左右；在截面变化处，结构应力值分布不均匀；在分岔交界面小净距隧道左右侧支护结构受力小范围内应力值在 −10.00 MPa以上。

对比观察两种工况下初期支护的主应力分布图可以发现，连接线隧道为先行洞时主线隧道初期支护结构受力值较主线隧道为先行洞时偏大，增值约为11%。相比于分岔后小净距隧道，分岔前加宽段隧道结构受力受分岔隧道开挖顺序的影响较小，说明分岔小净距隧道不同开挖顺序主要对主线隧道结构受力影响较大。

2.1.8 地表沉降对比分析

分别选取两种工法下的地表监测点的位移值变化值进行对比研究，其中在FLAC3D中位移的正值代表向上的变形，位移的负值代表向下的变形。各监测点的初始沉降值为加宽段双侧壁两侧开挖引起的掌子面前方预变形，由于变形量较小，故曲线图起点为分岔以后的隧道开挖。

由于计算中施作二次衬砌时每个循环为8 m，并且拆除隧道内部临时支护和释放围岩应力在短时间内计算完成，故沉降曲线中相应位置出现了突增的现象，但计算结果仍具有可靠性。

1. 主线隧道为先行洞

该工况下先单独开挖分岔后的主线隧道，再开挖连接线隧道，最后开挖加宽段中导坑，绘制25 m加宽段与隧道分岔段交界位置（$y=40$ m）上方地表测点的竖向位移变化曲线图，如图2-28所示。

从图可知，靠近左线分岔隧道上方地表沉降值较右侧偏大，其中主线隧道中线上方地表（测点14）的沉降值最大，为10.37 mm，测点10～测点17沉降值均在8.00 mm以上，说明隧道上方横向35 m范围内属于受开挖影响最大的区域。测点1～测点4和测点22～测点30沉降值较小，在3.00 mm以下，受开挖的影响较小，故在连接线为先行洞的计算工况下隧道上方横向90 m范围内均在开挖影响范围内。

从地表沉降曲线变化规律可以看出，以测点14为例，主线隧道开挖后地表沉降曲线下降幅度较大，在主线隧道开挖过程中，上方地表最大沉降量为1.53 mm，连接线开挖造成的沉降量为1.00 mm左右，说明主线隧道开挖造成的地

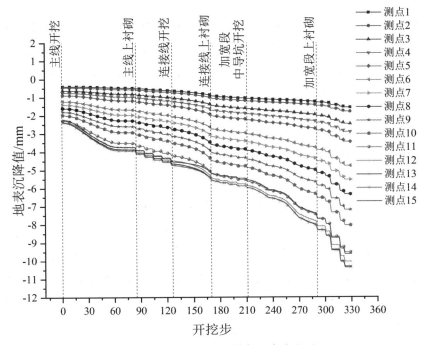

（a）隧道左侧地表监测点沉降曲线图

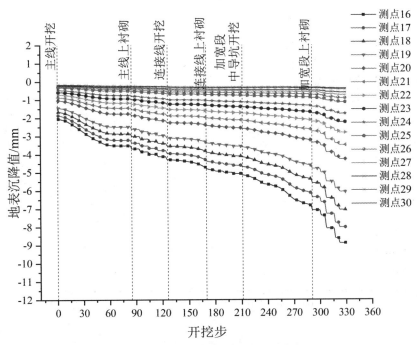

（b）隧道右侧地表监测点沉降曲线图

图2-28　主线为先行洞地表沉降曲线图

表沉降更大。隧道加宽段中导坑开挖后（开挖步210），地表沉降值下降幅度最大，从5.95 mm增至10.37 mm，增长量为总沉降的42%左右，说明加宽段核心土开挖对地表沉降影响最大，可以看出中导坑核心土对地表沉降的控制作用较强。

2. 连接线隧道为先行洞

该工况下先单独开挖连接线隧道再开挖主线隧道最后开挖加宽段中导坑，绘制计25 m加宽段与隧道分岔段交界位置（y=40 m）上方地表测点的竖向位移变化曲线图，如图2-29所示。

从图可知，靠近左线分岔隧道上方地表沉降值较右侧偏大，其中主线隧道中线上方地表（测点14）的沉降值最大，为10.53 mm，测点10～测点17沉降值均在8.00 mm以上，说明隧道上方横向35 m范围内属于受开挖影响最大的区域。测点1～测点4和测点22～测点30沉降值较小，在3.00 mm以下，受开挖的影响较小，故在连接线为先行洞的计算工况下隧道上方横向90 m范围内均在开挖影响范围内。

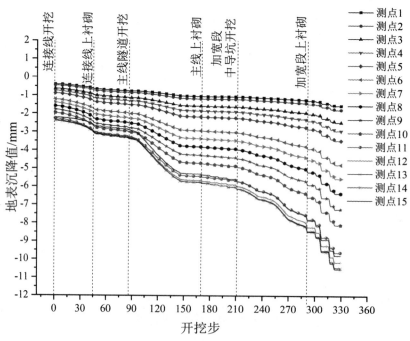

（a）隧道左侧地表监测点沉降曲线图

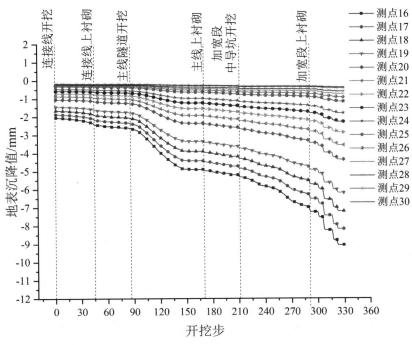

（b）隧道右侧地表监测点沉降曲线图

图2-29　连接线为先行洞地表沉降曲线图

从地表沉降曲线变化规律可以看出，以测点14为例，主线隧道开挖后地表沉降曲线下降幅度较大，在主线隧道开挖过程中，上方地表最大沉降量为2.43 mm，为连接线开挖造成的沉降量的7.6倍，占总沉降量的23%。隧道加宽段中导坑开挖后（开挖步210），地表沉降值下降幅度最大，从6.11 mm增至10.53 mm，增长量为总沉降的41%左右，说明加宽段核心土开挖对地表沉降影响最大，可以看出中导坑核心土对地表沉降的控制作用较强。

总结以上两种工况下地表沉降曲线图可知，在分别以主线为先行洞和以连接线为先行洞的计算结果来看，地表最终的最大沉降值相差较小，均为10.4 mm左右，在主线隧道的开挖过程中造成的地表沉降值占总沉降值的比例也相近。

2.1.9　塑性区分析

提取FLAC3D计算软件中分岔段隧道和小净距隧道的围岩塑性破坏状态，如图2-30所示，有关塑性区破坏状态的描述如表2-6所示。

塑性区破坏状态

None
shear-n shear-p
shear-n shear-p tension-p
shear-p
shear-p tension-p
tension-n shear-p tension-p

（a）主线为先行洞塑性区分布图　　　　（b）连接线为先行洞塑性区分布图

图2-30　不同开挖顺序下塑性区分布图

表 2-6　塑性区破坏状态

类别	描　述
Shear-n	现阶段为剪切破坏状态
Shear-p	现阶段为弹性未破坏状态，但曾被剪切破坏
Tension-n	现阶段为拉伸破坏状态
Tension-p	现阶段为弹性未破坏状态，但曾被拉伸破坏
None	未发生破坏

根据塑性区分布图可知，隧道分岔段塑性破坏状态复杂，隧道周围的土体以剪切破坏为主，隧道加宽段洞周围岩均出现塑性破坏，隧道仰拱同时出现受拉破

坏和剪切破坏，左右拱脚处出现大范围剪切破坏，往围岩内部延伸，右拱肩位置同样出现大范围剪切破坏。

分岔后的主线隧道和连接线隧道二衬结构均未出现塑性破坏，拱顶位置出现小范围塑性破坏，加宽段与分岔段交界面受开挖影响均出现塑性破坏。

对比不同工况下的隧道围岩塑性区分布状态，两种工况下开挖引起的塑性区分布大致相同，但从中岩墙稳定性控制的角度出发，左右线隧道之间贯通的塑性区范围越小越好。

2.2　分岔隧道连接线合理开挖方向研究

本节通过数值计算，对连接线隧道开挖方向进行研究，对比连接线隧道从小里程往大里程开挖和大里程往小里程开挖两种开挖方向对分岔段超小净距区隧道稳定性的影响程度，从而选择合理的开挖方向。

2.2.1　开挖设计

本次连接线合理开挖方向研究计算时先开挖加宽段隧道，再以主线隧道为先行洞，依次单独开挖主线隧道和连接线隧道，最后开挖加宽段中导坑。施工平面图如图2-31和图2-32所示。

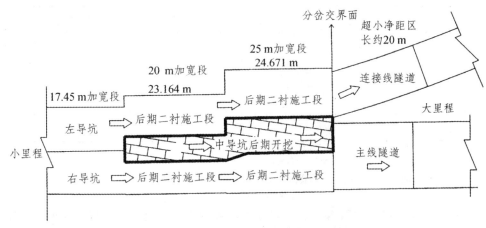

图2-31　连接线小里程往大里程开挖

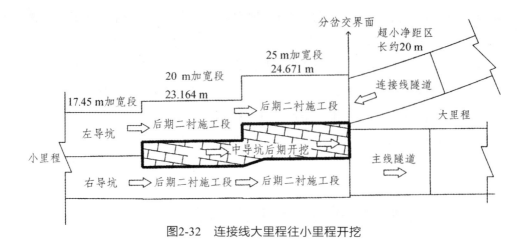

图2-32 连接线大里程往小里程开挖

图中箭头表示计算时的开挖方向，加宽段开挖至分岔交界面时暂时停止，主线隧道从交界面开始开挖，待主线开挖完成后，连接线隧道开挖至交界面停止，最后开挖加宽段中导坑。

2.2.2 计算工况

计算时的支护结构参数与2.1.2小节一致，计算工况如表2-7所示，两种工况除了连接线开挖方向不同，工法及支护参数均相同。

表 2-7　计算工况

编号	分岔隧道	开挖工法	支护方式	连接线开挖方向
工况一	连接线隧道	双台阶法	喷锚＋二衬	小里程往大里程
	主线隧道	三台阶弧形导坑法		
工况二	连接线隧道	双台阶法	喷锚＋二衬	大里程往小里程
	主线隧道	三台阶弧形导坑法		

2.2.3 隧道变形分析

考虑连接线隧道合理开挖方向对分岔段影响明显，故将位移监测点布置于分岔交界面位置处，分别在主线隧道和连接线隧道洞周的拱顶、拱肩、拱腰、拱脚和拱底位置进行位移监测，既考虑连接线隧道开挖对分岔洞口段围岩的影响，也考虑连接线开挖对邻近主线隧道位移影响情况。监测断面布置如图2-33所示。

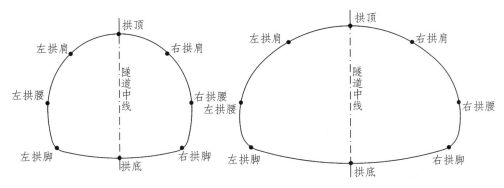

图2-33　监测点布置图

1. 连接线小里程往大里程开挖

该工况下，连接线从分岔交界面开挖直至模型边界，绘制开挖完成后分岔交界面位置隧道位移变形图，如图2-34所示。

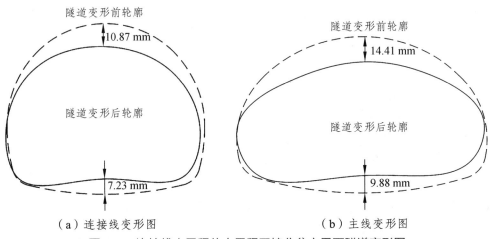

（a）连接线变形图　　　　　　（b）主线变形图

图2-34　连接线小里程往大里程开挖分岔交界面隧道变形图

图为隧道最终变形示意图，图中虚线为隧道的开挖轮廓线，实线为变形后的隧道结构轮廓线，实际变形情况不容易识别，故为了方便观察，将变形比例进行放大。

从图可以看出，隧道开挖后向内部收敛变形，连接线隧道和主线隧道的拱顶和拱底变形最明显，拱顶呈沉降趋势，由于尚未施作仰拱，故拱底有向上隆起的趋势，受开挖跨度的影响，主线隧道变形量较连接线隧道大。从图（a）可以看出，连接线从小里程往大里程开挖工况下，分岔交界面处连接线隧道的拱顶沉降量为10.87 mm，拱底隆起量为7.23 mm，左拱肩变形量为6.86 mm，右拱肩变形量为9.17 mm，左拱腰变形值为3.49 mm，右拱腰变形值为7.58 mm，左拱脚变形值为1.56 mm，右拱脚变形值为3.99 mm，隧道右侧向内变形较大，说明连接线隧道水平受向左的挤压作用。从图（b）可以看出，连接线从小里程往大里程开挖工况下，分岔交界面处主线隧道的拱顶沉降量为14.41 mm，拱底隆起量为9.88 mm，左拱肩变形量为13.50 mm，右拱肩变形量为10.87 mm，左拱腰变形值为5.43 mm，右拱腰变形值为2.43 mm，左拱脚变形值为3.50 mm，右拱脚变形值为4.13 mm，由于主线隧道开挖跨度大，隧道扁平率较小，故隧道中线拱顶和拱底变形较大。整体来看，主线隧道变形量约为连接线隧道的132%。

2. 连接线大里程往小里程开挖

该工况下，连接线从模型边界开挖至分岔交界面，绘制开挖完成后分岔交界面位置隧道位移变形图，如图2-35所示。

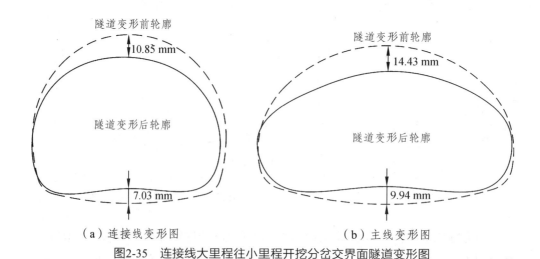

（a）连接线变形图　　　　　　　（b）主线变形图

图2-35　连接线大里程往小里程开挖分岔交界面隧道变形图

从图可以看出，隧道开挖后向内部收敛变形，连接线隧道和主线隧道的拱顶和拱底变形最明显，拱顶呈沉降趋势，由于尚未施作仰拱，故拱底有向上隆起的趋势，受开挖跨度的影响，主线隧道变形量较连接线隧道大。从图（a）可以看出，连接线从小里程往大里程开挖工况下，分岔交界面处连接线隧道的拱顶沉降量为10.85 mm，拱底隆起量为7.03 mm，左拱肩变形量为6.64 mm，右拱肩变形量为9.15 mm，左拱腰变形值为2.31 mm，右拱腰变形值为7.39 mm，左拱脚变形值为1.79 mm，右拱脚变形值为4.52 mm，隧道右侧向内变形较大，说明连接线隧道水平受向左的挤压作用。从图（b）可以看出，连接线从小里程往大里程开挖工况下，分岔交界面处主线隧道的拱顶沉降量为14.43 mm，拱底隆起量为9.94 mm，左拱肩变形量为13.62 mm，右拱肩变形量为10.86 mm，左拱腰变形值为5.38 mm，右拱腰变形值为2.42 mm，左拱脚变形值为3.69 mm，右拱脚变形值为4.16 mm，由于主线隧道开挖跨度大，隧道扁平率较小，故隧道中线拱顶和拱底变形较大。

两种工况下的隧道变形值对比如表2-8所示。

表 2-8　隧道变形对比表　　　　　　　单位：mm

编号	隧道	拱顶	左拱肩	右拱肩	左拱腰	右拱腰	左拱脚	右拱脚	拱底
工况一	连接线	10.87	6.86	9.17	3.49	7.58	1.56	3.99	7.23
	主线	14.41	13.50	10.87	5.43	2.43	3.50	4.13	9.88
工况二	连接线	10.85	6.64	9.15	2.31	7.39	1.79	4.52	7.03
	主线	14.43	13.62	10.86	5.38	2.42	3.69	4.16	9.94

从表中数据对比来看，连接线不同开挖方向对隧道变形的影响规律相似，以变形最大的拱顶沉降数据来看，工况一和工况二下同一位置拱顶沉降基本一致。但考虑到实际施工中可以通过多掌子面相向开挖提高隧道建设效率，从而避免只能先开挖加宽段再开挖分岔隧道所带来的不安全和耽误工期问题。

2.2.4　围岩应力分析

本节提取分岔后的小净距主线隧道和连接线隧道的围岩应力云图，综合对比连接线不同开挖方向下隧道围岩应力场分布情况。

1. 连接线小里程往大里程开挖

该工况下，连接线从分岔交界面开挖直至模型边界，提取开挖完成后小净距隧道的围岩应力图，如图2-36所示。

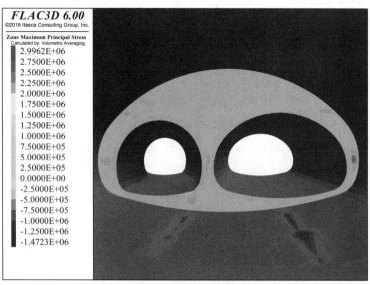

（a）工况一围岩最大主应力图（单位：Pa）

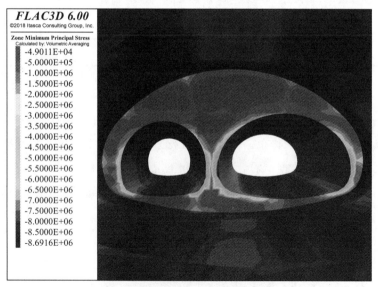

（b）工况一围岩最小主应力图（单位：Pa）

图2-36 连接线小里程往大里程开挖后围岩主应力图

　　图为加宽段及分岔后的小净距隧道的围岩应力场分布图。从图（a）可以看出：应力分布图中下部深色数据显示为相应区域内的围岩第一主力为负值，说明该区域围岩受压作用较大，其中连接线隧道左侧拱腰位置沿纵向连续分布，数值最小为 −0.34 MPa；主线隧道右侧拱腰位置有较大范围的受压区域，数值在 −0.28 ~ −0.36 MPa 范围之间。

　　从图（b）中的围岩最小主应力图可以看出，分岔段隧道围岩受压力作用数值普遍在 −2.0 ~ −5.0 MPa，连接隧道和主线隧道拱腰两侧受压力作用较大。在分岔交界面中墙位置出现小范围应力集中。

　　2. 连接线大里程往小里程开挖

　　该工况下，连接线从模型边界开挖至分岔交界面，提取开挖完成后小净距隧道的围岩应力图，如图2-37所示。

　　图为加宽段及分岔后的小净距隧道的围岩应力场分布图，将图（a）和（b）与工况一下的围岩主应力图对比发现，两种工况下围岩应力场分布相似，在数值上相差不大，连接线从大里程往小里程开挖时分岔交界面位置的围岩应力状态与相反方向开挖时基本一致。从围岩最小主应力图对比可以看出，工况二下分岔交界面洞口位置中墙应力集中数值较工况一略小，说明连接线从大里程往小里程开

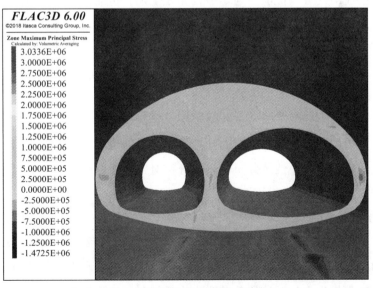

（a）工况二围岩最大主应力图（单位：Pa）

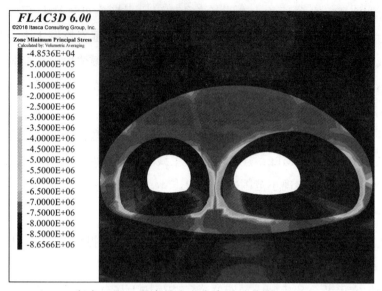

（b）工况二围岩最小主应力图（单位：Pa）

图2-37　连接线大里程往小里程开挖后围岩主应力图

挖可以改善分岔段围岩的应力状态，避免出现挤压破坏。

结合隧道变形分析，由于连接线开挖跨度较小，所以从大里程向小里程方向开挖连接线不仅可以提前贯通隧道，缩短工期，也能使分岔段隧道施工更加安全、高效。

2.3　本章小结

为研究分岔小净距隧道合理开挖顺序及连接线合理开挖方向，本章通过建立分岔段数值模型并进行不同工况的开挖计算，对隧道洞周变形、中岩墙变形、支护受力、地表沉降和塑性区分布等进行分析对比，根据研究结果提出相应开挖设计建议方案，具体成果如下所述：

（1）通过分别对主线为先行洞和连接线为先行洞进行计算后发现：在两种工况下，主线隧道和连接线隧道的水平位移和竖向位移变化规律与数值分布类似，在超小净距区，随着中岩墙厚度逐渐增大，隧道的水平位移相应减少，同样条件下，隧道作为先行洞的位移量比作为后行洞的位移量大，当主线隧道为先行洞开挖时的变形量比作为后行洞增大约6%；主线为先行洞工况下，主线隧道拱顶沉降最大值为17 mm，比连接线为先行洞工况增大1 mm，连接线拱顶沉降最大值为12 mm，比连接线为先行洞时减少了1 mm。

（2）分岔小净距隧道中岩墙的竖向位移变形峰值受隧道开挖顺序不同的影响较小，两种工况下中岩墙的中轴线位置最大竖向位移均为11.8 mm左右；受连接线曲线开挖的影响，超小净距区中岩墙的厚度由1.5 m逐渐增大到6.5 m，主线为先行洞工况下，中墙水平位移随着厚度的增加呈逐步增大趋势，竖向位移变形规律呈先增大后减小的趋势，同一测点数值最大差值为2 mm左右；连接线为先行洞工况下的中岩墙位移纵向分布规律与主线为先行洞工况类似，超小净距区中部位置的中墙中轴线竖向位移整体较大；两种工况下，中岩墙的水平位移均为负值，说明中岩墙有朝连接线隧道一侧变形的趋势。

（3）小净距隧道开挖完成后，在分岔交界面，结构应力值分布不均匀，受力较大，在分岔交界面隧道支护结构受力差异高达7～8倍；在20 m和25 m加宽段交界面和分岔交界面出现不同程度不同范围的应力集中，结构受力非常不利；主线为先行洞工况下，主线隧道最小主应力受力最大位置为拱底和右拱肩中部处，应力值为－8.54 MPa；连接线为先行洞工况下，主线隧道最小主应力最大值位置为拱底和右拱肩中部处，应力值为－9.50 MPa；连接线隧道为先行洞时主线隧道初期支护结构受力值较大，相比主线为先行洞工况增大约为11%。

（4）隧道上方35 m范围内的地表沉降属于受开挖影响最大的区域，主线隧道开挖造成的地表沉降相比连接线开挖更大。隧道加宽段中导坑开挖后地表沉降值下降幅度最大，增长量为总沉降的42%左右。加宽段核心土开挖对地表沉降影响最大，分别以主线为先行洞和以连接线为先行洞时，地表最终的最大沉降值相差较小，均为10.4 mm左右，在主线隧道的开挖过程中造成的地表沉降值占总沉降值的比例也相近。两种工况下的隧道开挖引起的塑性区分布大致相同。

（5）在进行连接线合理开挖方向分析时，连接线从小里程往大里程开挖和相反方向开挖下隧道变形的影响规律相似，两种工况下拱顶沉降基本一致。主线隧道最大变形量为14 m左右，主线变形量约为连接线隧道的132%。连接线从大里程往小里程开挖可以改善分岔段围岩的应力状态，避免出现挤压破坏；考虑到实际施工中可以通过多掌子面相向开挖提高隧道建设效率，故连接线隧道采用大里程往小里程方向开挖比较合理。

综合以上隧道位移变形、支护结构应力分布、中岩墙变形、地表沉降和围岩应力等对比分析来看，小净距隧道开挖顺序建议采用连接线为先行洞，主线为后行洞，连接线开挖方向选择大里程往小里程开挖。

第3章　特大断面城市小净距分岔式隧道施工工法优化研究

本章首先通过模型试验对非对称小净距段隧道左右线分别使用不同开挖工法时支护结构的力学特性进行研究，接着通过数值模拟对分岔段小净距隧道左右线施工工法进行优化计算，优选最适合本围岩条件下的双洞隧道开挖关键工法。施工工法研究内容包括开挖方法研究和开挖进尺研究。在上述合理工法确定之后，通过数值分析的方式进一步对施工工法进行优化，以期为现场施工提供合理的理论指导和施工建议。

3.1　基于模型试验的分岔隧道施工工法优化分析

3.1.1　相似关系的确定

本次试验以几何相似比和容重相似比为基础相似比，通过上述相似比推算出泊松比、弹性模量、黏聚力、摩擦角等其余物理力学参数，实现弹性范围内所有物理力学参数的相似。考虑到试验模型箱的尺寸和隧道的跨度，将几何相似比定为原型∶模型=50∶1，容重相似比为原型∶模型=1∶1。相关物理力学参数的相似比如表3-1所示。

表 3-1　物理力学参数相似比

物理量	单位	相似比（原型∶模型）
几何	m	50∶1
容重	N/m³	1∶1
内摩擦角	（°）	1∶1
泊松比	—	1∶1

续表

物理量	单位	相似比（原型：模型）
黏聚力	Pa	50：1
弹性模量	Pa	50：1
应力	Pa	50：1
弯矩	MPa	6 250 000：1
轴力	N	125 000：1
应变	—	1：1

3.1.2 相似材料的制作

1. 实验土配置

对于围岩相似材料的配制，主要从相似材料的弹性模量、容重、黏聚力和内摩擦角四个方面进行考虑，即原型围岩的上述物理力学参数与试验相似材料的对应物理力学参数按照上文相似比形成对应。原型围岩和按照相似比确定的相似材料的相关物理力学参数如表3-2所示。

表 3-2　原型围岩与围岩相似材料的物理力学参数

项目	容重	弹性模量	黏聚力	内摩擦角
原型	23	1.3	0.3	30
模型	23	0.026	0.006	30

查阅相关文献资料，围岩的配制选取石英砂、河砂、机油、粉煤灰为原材料，通过三轴试验和直剪试验分别确定相似材料的弹性模量、黏聚力以及摩擦角等参数。最终的相似材料配比如表3-3及图3-1所示。

表 3-3　围岩相似材料重量配比

材料	石英砂	河砂	粉煤灰	机油
百分比	36.4	40.0	18.2	5.4

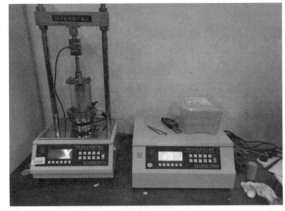

（a）三轴试验装置　　　　　　　　　　　（b）直剪试验装置

（c）三轴试验试样　　　　　　　　　　　（d）直剪试验试样

图3-1　三轴试验和直剪试验

2. 喷射混凝土设计

对于喷射混凝土的相似模拟，主要控制原型喷射混凝土和相似材料的弹性模量与容重相似来实现。根据现场施工情况，喷射混凝土采用C25混凝土，原型和模型的相关物理力学参数如表3-4。

表 3-4　喷射混凝土原型和相似材料物理力学参数

项目	容重	弹性模量
原型	22	25
模型	22	0.5

查阅相关文献资料，喷射混凝土相似材料使用水和石膏进行配制，其配比为水：石膏=1：1.06。

3. 钢拱架制作

对于钢拱架的相似，主要考虑单位纵向长度抗弯刚度相似。用p表示原型，m表示模型，则钢拱架的刚度相似应符合以下条件：

$$\frac{\left(\dfrac{EI}{l}\right)_{\text{p}}}{\left(\dfrac{EI}{l}\right)_{\text{m}}} = C_E \cdot C_l^3 = 6.25 \times 10^6$$

式中：E表示材料的弹性模量；I表示截面的惯性矩；l表示钢拱架的间距。

在实际施工中，连接线隧道使用16号工字钢，主线隧道使用18号工字钢，两者间距均为80 cm，根据相似关系，在试验中，钢拱架相似材料的间距应当为1.6 cm，但为了方便试验，间距设置为2 cm。经过查阅相关材料，选择使用铜带来模拟钢拱架，经过刚度相似计算，分别选用铜带来模拟16号工字钢和18号工字钢。原型钢拱架和相似材料的相关参数如表3-5及图3-2所示。

表 3-5　钢拱架原型和模型物理力学参数

型号		弹性模量	惯性矩	间距
18 工主线	原型	210	1 660	80
	模型	105	0.000 010 6	2
16 工连接线	原型	210	1 130	80
	模型	105	0.000 007 2	2

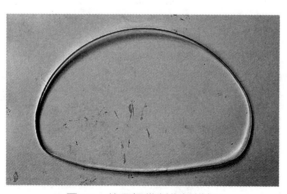

图3-2　使用铜带制作钢拱架

3.1.3　试验装置及量测系统

试验使用模型箱长为2.2 m，宽为0.6 m，高为1.6 m，根据50∶1的相似比确定出的连接线隧道开挖最大跨度为21.5 cm，最大开挖高度为19.15 cm，主线隧道最大开挖跨度为32 cm，最大开挖高度为21.4 cm。设置主线隧道的开挖方向与模型箱纵向一致，连接线隧道的开挖方向与模型箱纵向成角，考虑开挖进尺和开挖步，主线隧道开挖长度为44 cm，连接线隧道开挖长度为48 cm。同时为了尽量消除模型箱箱壁与土体的摩擦力对试验的干扰，在模型箱的箱壁上刷上一层油漆，然后贴上一层聚四氟乙烯薄膜。隧道试验用模型箱与开挖及监测断面如图3-3和图3-4所示。

图3-3　试验用模型箱

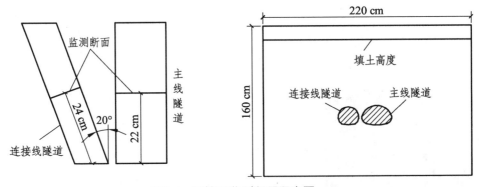

图3-4　开挖及监测断面示意图

在监测断面的选择上，为了尽量降低边界效应的影响，选择开挖距离中部，即连接线隧道开挖24 cm、主线隧道开挖22 cm处为监测断面。在试验过程中，对监测断面的围岩位移、初期支护与围岩之间的接触压力、钢拱架的内力进行监测。

1. 围岩位移

围岩位移的测量通过使用百分表进行实现，百分表的精度为0.01 mm。在试验开始前，将铅发丝线绑在一小块金属片上，并将铅发丝线穿过长度合适的金属管，完成准备工作。在向模型箱内填土的时候，将金属片提前放置在要测量围岩位移的地方，绑在金属片上的铅发丝线和铅发丝线穿过的金属管也一同埋入，金属片放置时应保证金属片与所在位置附近初期支护平行。在填土完成后，将露出土外的铅发丝线绑在百分表上，百分表通过磁力底座固定在模型箱箱壁上。在隧道开挖产生围岩位移后，土体将带动金属片移动，从而通过铅发丝线带动百分表转动，得到具体的围岩位移值。金属管的使用可以避免铅发丝线的运动受到土体摩擦的影响，铅发丝线的无弹性也避免了弹性对位移传递的影响。在围岩位移测点布置上，由于位移测量需要用铅发丝线进行位移传递，因此左线隧道的右侧和右侧隧道的左侧围岩位移无法进行测量。同时考虑到此种测量方法的缺点，在竖向位移的测量上选取左右线隧道的拱顶以及左右拱肩位置，在水平位移的测量上选择左线隧道的左拱腰和右线隧道的右拱腰，如图3-5所示。

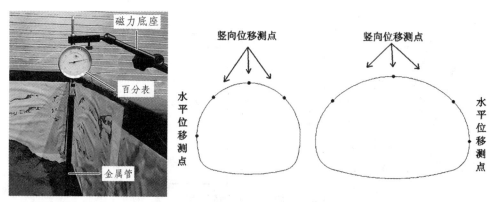

图3-5 围岩位移测量装置（左）及测点布置（右）

2. 初期支护和围岩之间接触压力

初期支护和围岩之间的接触压力通过 BY-3 型土压力盒进行测量，精度为 0.001 MPa，量程为 0 ~ 2 MPa。土压力盒在填土时提前埋入，引线通过模型箱箱壁上的开孔引出箱外。在左右线隧道的拱顶、左右拱肩、左右拱腰、左右拱脚和拱底各设置 8 个土压力测点，每种工况共计 16 个测点，如图 3-6 所示。

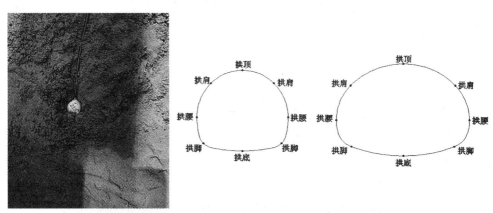

图3-6　埋设土压力盒（左）及接触压力测点布置（右）

3. 钢拱架内力

钢拱架的内力测量通过在铜带测点内侧和外侧成对粘贴应变片来实现。使用应变片测出铜带内外侧应变值，然后由公式计算出钢拱架的轴力和弯矩值。公式如下：

$$N = \frac{1}{2}E(\varepsilon_{内} + \varepsilon_{外})bh$$

$$M = \frac{1}{12}E(\varepsilon_{内} - \varepsilon_{外})bh^2$$

式中：b 为铜带截面的宽度；h 为铜带截面的高度；E 为铜带的弹性模量；$\varepsilon_{内}$ 为铜带内侧应变；$\varepsilon_{外}$ 为铜带外侧应变。

因为试验涉及的开挖工法包括分步开挖法，为了尽量降低拼装铜带引起的测量误差，将监测断面的铜带整体制作，粘贴好应变片并连接好引线后整体提前埋入土中。而除了监测断面以外的铜带，在开挖过程中边开挖边拼装，铜带之间使用热缩管进行连接，如图3-7所示。

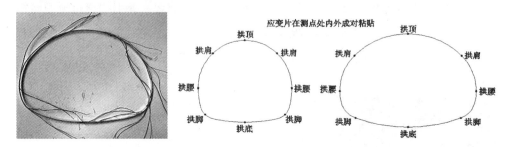

图3-7 粘贴应变片（左）及内力测点布置（右）

在测点的选择上，分别在连接线隧道和主线隧道的拱顶、左右拱肩、左右拱腰、左右拱脚和拱底内外侧粘贴应变片，每种工况共计粘贴32片应变片，如图3-8所示。

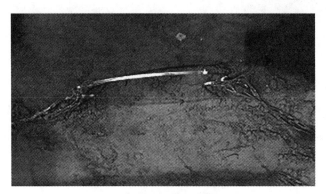

图3-8 监测断面铜带提前埋入

4. 应力应变采集箱

试验使用TST3826E静态应变测试分析系统连接计算机进行数据采集。应变片使用1/4桥进行连接，土压力盒使用全桥连接，应变片需要进行温度补偿，土压力盒则不需要。为了方便标记数据，在土压力盒和应变片的引线接入应变采集仪的一端使用标签纸进行标记，并记录下各引线在应变采集仪上的端口位置，如图3-9及图3-10所示。

图3-9　应变采集仪（左）和温度补偿（右）

图3-10　引线接入应变采集仪

3.1.4　试验工况及开挖步骤

本节的目的在于研究左右洞不同开挖工法下非对称小净距隧道的力学行为，因此共计设置4种工况，每种工况下仅有开挖工法不同，支护参数均保持相同。根据第2章相关研究结论，先开挖连接线隧道对整体结构受力更为有利，因此试验时同样先开挖连接线隧道。总体试验工况如表3-6所示。

表 3-6　试验工况

工况	连接线隧道开挖工法	主线隧道开挖工法	连接线隧道初期支护厚度	主线隧道初期支护厚度	钢拱架间距
工况 1	全断面法	台阶法	22 cm	24 cm	80 cm
工况 2	全断面法	三台阶法	22 cm	24 cm	80 cm

续表

工况	连接线隧道开挖工法	主线隧道开挖工法	连接线隧道初期支护厚度	主线隧道初期支护厚度	钢拱架间距
工况 3	台阶法	台阶法	22 cm	24 cm	80 cm
工况 4	台阶法	三台阶法	22 cm	24 cm	80 cm

　　试验时每个开挖步的开挖进尺为4 cm，连接线隧道共计开挖48 cm，主线隧道共计开挖44 cm。各级台阶均超前下一台阶2个开挖步，连接线隧道使用台阶法开挖时，共计14个开挖步，使用全断面法开挖时，共计12个开挖步，如图3-11及图3-12所示。主线隧道使用台阶法开挖时，共计13个开挖步，使用三台阶法开挖时，共计15个开挖步，如图3-13及图3-14所示。开挖示意图如图3-15所示。

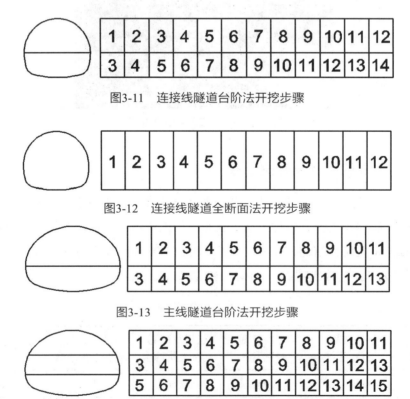

图3-11　连接线隧道台阶法开挖步骤

图3-12　连接线隧道全断面法开挖步骤

图3-13　主线隧道台阶法开挖步骤

图3-14　主线隧道三台阶法开挖步骤

图3-15　开挖示意图

3.1.5　试验结果分析

1. 围岩位移对比

将测得的连接线隧道和主线隧道围岩位移数据按照相似比反算，得到原型围岩的位移数据。

图3-16为各工况下连接线隧道拱顶和拱腰的位移时程曲线，从图中可以看出，在监测断面开挖前，围岩已经产生较为明显的位移，且围岩位移主要产生在开挖面经过监测断面的时候。同时可以看出，在连接线隧道开挖完成后，主线隧道的开挖对连接线隧道附近的围岩仍有一定的影响，表现为连接线隧道拱顶和拱腰处围岩位移数据仍有一定发展。以图（a）中拱顶围岩位移为例，在连接线隧道开挖完成后，其位移为6.4 mm，而主线隧道开挖完成后，其位移变为9.7 mm。对比主线隧道开挖对连接线隧道拱顶和拱腰处围岩位移的影响，显然对拱顶围岩位移影响更大。

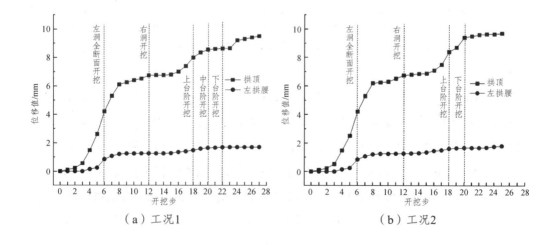

（a）工况1　　　　　　　　　　（b）工况2

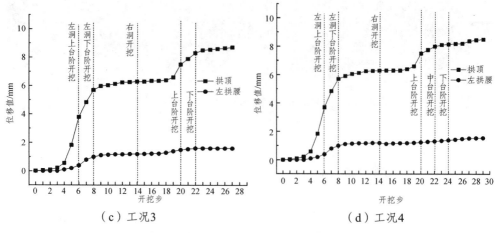

（c）工况3　　　　　　　　　　（d）工况4

图3-16　各工况下连接线隧道拱顶和拱腰位移时程曲线

将开挖完成后连接线隧道各围岩位移测点的稳定位移提取进行对比，如表3-7所示。

表3-7　不同工况下连接线隧道围岩位移稳定值　　　　　单位：mm

工况	拱顶 竖向位移	左拱肩 竖向位移	右拱肩 竖向位移	左拱腰 水平位移
工况1	9.7	6.7	7.4	1.8
工况2	9.5	6.6	7.1	1.7
工况3	8.7	5.3	6.0	1.6
工况4	8.5	5.2	5.8	1.55

从上表中可以看出，连接线隧道各测点的围岩位移从工况1到工况4是在逐渐减小的。观察工况1和工况2，两种工况下连接线隧道均使用全断面法进行开挖，最大竖向位移均出现在拱顶处，左右拱肩次之。但对比左右拱肩的竖向位移可以发现，两种工况均表现出右拱肩位移大于左拱肩的特征，分析其原因，应当是主线隧道的开挖对连接线隧道右侧造成了更大的影响，从而使右拱肩的最终沉降大于左拱肩。同时可以发现，工况2下连接线隧道各测点的围岩位移均小于工况1，分析其原因，应当是两种工况下主线隧道分别采用台阶法和三台阶法进行开挖，两种工法对连接线隧道造成的影响不同，三台阶法的影响要小于台阶法，因而工

况2下的连接线隧道围岩位移要小于工况1。这说明后行洞开挖采用多分部开挖，可以降低对先行洞的影响。

观察工况3和工况4，两种工况下连接线隧道均使用台阶法进行开挖，其竖向围岩位移同样表现出拱顶最大，左右拱肩次之，且右拱肩位移大于左拱肩的特征，其同样是由于主线隧道开挖在连接线隧道左右两侧造成的影响不同而引起。且工况4的围岩位移同样小于工况3，工况3下主线隧道使用台阶法开挖，工况4下主线隧道使用三台阶法开挖，同样说明了后行洞多分部开挖可以降低对先行洞的影响。

对比工况1和工况3，主线隧道均使用台阶法开挖，连接线隧道分别使用全断面和台阶法进行开挖，工况3下各测点围岩位移比工况1减小了10%～20%。同样对比工况2和工况4，主线隧道均使用三台阶法进行开挖，连接线隧道分别使用全断面和台阶法进行开挖，工况4下各测点围岩比工况2减小了12%～21%。这说明连接线隧道使用台阶法可以更好地控制围岩位移。

同样作出各工况下主线隧道拱顶和拱腰的位移时程曲线，如图3-17所示。从图中可以看出，在连接线隧道开挖时，主线隧道附近的围岩已经受到了一定影响，表现为主线隧道拱顶处的围岩位移有一定增长，且在连接线隧道开挖面经过主线隧道开挖断面附近时增长明显。但在连接线隧道开挖时，主线隧道右拱腰处的围岩位移并无明显变化，其原因应当是主线隧道的右拱腰较为远离连接线隧道，受影响较小。主线隧道开始开挖后，其围岩位移变化较为明显。

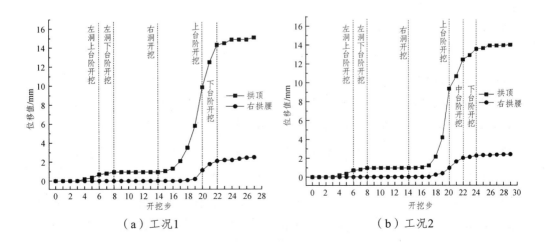

（a）工况1　　　　　　　　（b）工况2

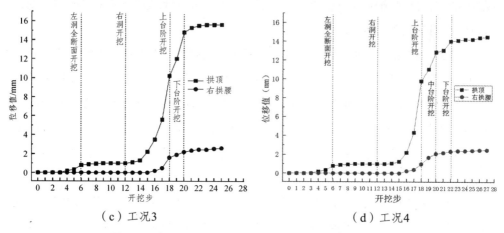

（c）工况3　　　　　　　　　　（d）工况4

图3-17　各工况下主线隧道拱顶和拱腰位移时程曲线

将开挖完成后主线隧道各位移测点的稳定位移提取进行对比，如表3-8所示。

表3-8　不同工况下主线隧道围岩位移稳定值　　　　　　单位：mm

工况	拱顶 竖向位移	左拱肩 竖向位移	右拱肩 竖向位移	右拱腰 水平位移
工况1	15.6	13.2	12.7	2.6
工况2	14.5	11.3	10.7	2.5
工况3	15.1	12.6	12.4	2.5
工况4	14.0	10.7	10.4	2.4

上表为4种工况下主线隧道围岩位移数据，从表中可以看出，各工况下主线隧道的竖向位移分布呈现出拱顶最大，左右拱肩次之，且左拱肩大于右拱肩的特征。和连接线隧道左右拱肩的位移大小规律一致，主线隧道也表现出了靠近中岩墙一侧的测点竖向位移更大的特征，说明在小净距隧道的施工中，中岩墙围岩受到了多重干扰，因而靠近中岩墙一侧的围岩位移相对更大。

对比工况1和工况2，连接线隧道均使用全断面法进行开挖，主线隧道分别使用台阶法和三台阶法进行开挖，工况2下各测点围岩位移比工况1减小4%～15%。对比工况3和工况4，连接线隧道均使用台阶法进行开挖，主线隧道分别使用台阶

法和三台阶法进行开挖，工况4下各测点围岩位移比工况3减小4%～17%。说明主
线隧道使用三台阶法开挖相比台阶法可以更好地控制围岩位移。

　　综上所述，连接线隧道和主线隧道分别使用台阶法和三台阶法进行开挖，可
以更好地控制围岩位移，保证施工的安全。

2. 初期支护和围岩接触压力对比

　　将开挖完成后测得的连接线隧道和主线隧道初支与围岩之间的接触压力按照
相似比反算，得到原型中的接触压力数据，如图3-18所示。

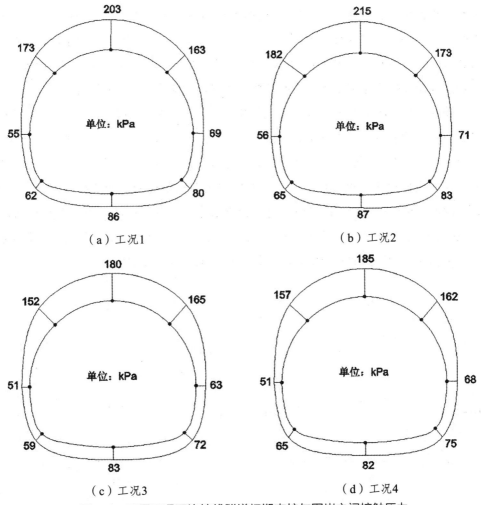

图3-18　不同工况下连接线隧道初期支护与围岩之间接触压力

从图可以看出，不同工况下连接线隧道初期支护与围岩之间的接触压力分布均呈现出拱顶最大，左右拱肩次之，拱底再次之，左右拱腰及左右拱脚最小的特征，这说明初期支护受到的竖向围岩压力相对水平围岩压力更大。同时对比各工况下连接线隧道左侧与右侧接触压力，可以发现右侧的接触压力相对更大一些，分析其原因，右侧为中岩墙区域，在左右线隧道开挖过程中，中岩墙区域围岩受到了更多的扰动，围岩更加松动，因此对初期支护施加了更大的围岩压力。

对比工况1和工况3，主线隧道均使用台阶法进行开挖，连接线隧道分别使用全断面和台阶法进行开挖，工况3下的接触压力相比工况1增加了3%～14%。对比工况2和工况4，主线隧道均使用三台阶法进行开挖，连接线隧道分别使用全断面法和台阶法进行开挖，工况4下的接触压力相比工况2增加4%～16%。这说明使用台阶法开挖连接线隧道相比全断面开挖，接触压力会有一定程度的增加。

图3-19为不同工况下主线隧道接触压力分布图，从图中可以看出，不同工况之下主线隧道初期支护与围岩之间的接触压力分布特征有所区别。观察工况1和工况3，两工况下主线隧道均使用台阶法进行开挖，接触压力分布呈现出拱顶最大，左右拱肩次之，拱底再次之，左右拱腰及左右拱脚最小的特征。观察工况2和工况4，两工况下主线隧道均使用三台阶法进行开挖，接触压力分布呈现出拱顶最大，左右拱肩次之，左右拱腰再次之，左右拱脚及拱底最小的特征。但4种工况下初期支护受到的竖向围岩压力相对水平围岩压力依旧更大。

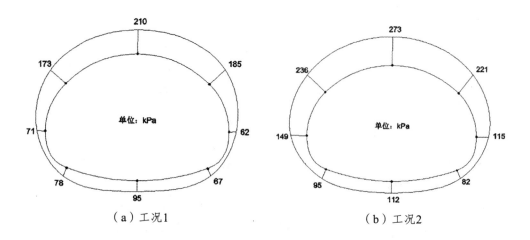

（a）工况1　　　　　　　　　　　（b）工况2

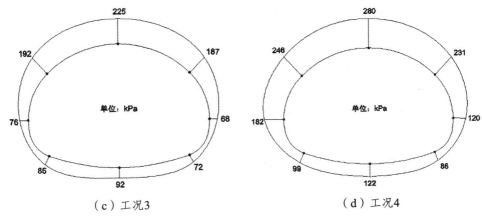

（c）工况3　　　　　　　　　　（d）工况4

图3-19　不同工况下主线隧道初期支护与围岩之间接触压力

同时对比各工况下主线隧道左侧与右侧接触压力，可以发现左侧的接触压力相对更大一些，分析其原因，左侧为中岩墙区域，在左右线隧道开挖过程中，中岩墙区域围岩受到了更多的扰动，围岩更加松动，因此对初期支护施加了更大的围岩压力。

对比工况1和工况2，连接线隧道均使用全断面法开挖，主线隧道分别使用台阶法和三台阶法开挖，工况2的接触压力相比工况1，增加了19%～109%。对比工况3和工况4，连接线隧道均使用台阶法开挖，主线隧道分别使用台阶法和三台阶法开挖，工况4的接触压力相比工况3增加了16%～139%。这说明使用三台阶法开挖主线隧道，接触压力会有一定程度的增加。

综上所述，在非对称小净距隧道的施工中，使用分部开挖方法，围岩的位移会更小，但对应的，初期支护受到的围岩压力会增大。

3. 钢拱架内力对比

将开挖完成后测得的连接线隧道和主线隧道钢拱架内力按照相似比反算，得到原型钢拱架的内力。

1）连接线隧道钢拱架轴力

图3-20为不同工况下连接线隧道钢拱架轴力分布，从图中来看，各工况下连接线隧道钢拱架轴力较大的位置均出现在左右拱肩、左右拱腰和左右拱脚，而在

拱顶和拱底处轴力较小。对比工况1和工况2，连接线隧道均使用全断面法开挖，而主线隧道分别使用台阶法和三台阶法，工况2下钢拱架各位置轴力相比工况1均较小，分析其原因，后行洞使用三台阶法相比台阶法对先行洞的影响更小，因而连接线隧道钢拱架的内力增加幅度更小。对比工况3和工况4，同样有上述规律出现。这说明后行隧道使用分部较多的工法，可以尽量降低对先行隧道钢拱架内力的影响。

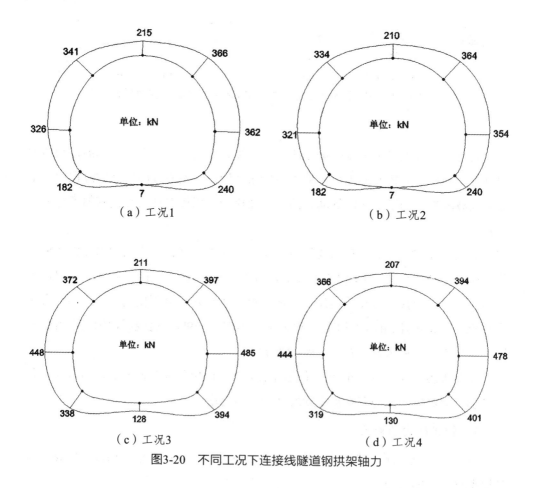

（a）工况1　　　　　　　　（b）工况2

（c）工况3　　　　　　　　（d）工况4

图3-20　不同工况下连接线隧道钢拱架轴力

对比工况1和工况3，连接线隧道分别使用全断面法和台阶法开挖，主线隧道均使用台阶法开挖，工况3下钢拱架内力相比工况1，除了拱底处，增加8%～85%。对比工况2和工况4，连接线隧道分别使用全断面法和台阶法，主线隧道均使用三台阶法，工况4下钢拱架内力相比工况2，除了拱底和拱顶处，增加8%～75%。这说明连接线隧道使用台阶法开挖相比全断面法，钢拱架内力会有一定程度的增加。

2）连接线隧道钢拱架弯矩

图3-21为不同工况下连接线隧道钢拱架弯矩分布情况，按照惯例，弯矩均画在受拉一侧。对比工况1和工况2，工况3和工况4，同轴力的分布特征类似，工况2相比工况1，工况4相比工况3，均表现出弯矩值稍小的特征。原因同轴力的分布原因相同，后行洞使用三台阶法相比台阶法对先行洞的影响更小，因而钢拱架内力增加的幅度更小。

观察工况1和工况2，在连接线隧道使用全断面法开挖时，弯矩的较大值主要集中在左右拱脚处，其他位置相对左右拱脚弯矩值较小，仅达到了左右拱脚弯矩量值的十分之一左右。观察工况3和工况4，在连接线隧道使用台阶法进行开挖时，弯矩的较大值主要分布在左右拱腰和左右拱脚处，其他位置弯矩相对较小。对比连接线隧道使用全断面法开挖和台阶法开挖，两种工法下钢拱架的最大弯矩值相差不大，但使用台阶法开挖时钢拱架的弯矩较大值分布范围更广，且在左右拱肩处，台阶法引起的弯矩也比全断面法更大，仅在拱顶和拱底处，台阶法引起的弯矩较全断面法小。这说明连接线隧道使用台阶法开挖，钢拱架的弯矩分布相对全断面法稍有不利。

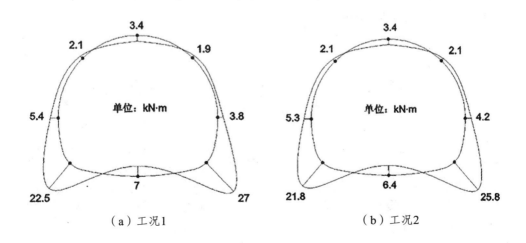

（a）工况1　　　　　　　　　　　　（b）工况2

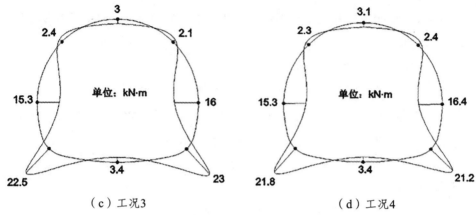

（c）工况3　　　　　　　　　　　（d）工况4

图3-21　不同工况下连接线隧道钢拱架弯矩

3）主线隧道钢拱架轴力

图3-22为不同工况下主线隧道钢拱架轴力分布，从图中来看，主线隧道钢拱架轴力均表现为左右拱肩和左右拱腰处最大，左右拱脚和拱顶次之，拱底处最小。对比工况1和工况2，连接线均使用全断面法开挖，而主线分别使用台阶法和三台阶法，工况2下钢拱架轴力相比工况1增加7%～85%。对比工况3和工况4，连接线均使用台阶法开挖，主线分别使用台阶法和三台阶法，工况4下钢拱架轴力相对工况3增加8%～89%。这说明主线隧道使用三台阶法开挖相比台阶法，钢拱架轴力会有一定程度的增加。

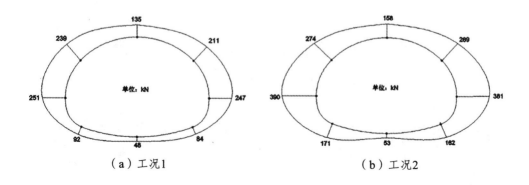

（a）工况1　　　　　　　　　　　（b）工况2

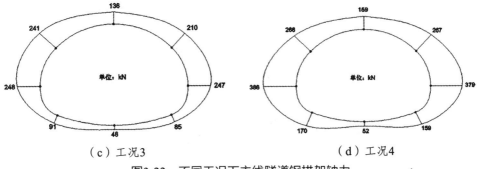

（c）工况3　　　　　　　　　　（d）工况4

图3-22　不同工况下主线隧道钢拱架轴力

4）主线隧道钢拱架弯矩

图3-23为不同工况下主线隧道钢拱架弯矩，从图中可以看出，主线隧道无论是使用台阶法施工，还是使用三台阶法施工，钢拱架弯矩较大的位置均出现在左右拱腰和左右拱脚处，其余位置的弯矩则相对较小。对比工况1和工况2，连接线隧道均使用全断面法施工，主线隧道分别使用台阶法和三台阶法，工况2下钢拱架弯矩在拱顶、左右拱肩和拱底处无太大变化，而在左右拱腰及左右拱脚则出现了20%～39%的增长。对比工况3和工况4，弯矩的变化表现出了相似的特征。这说明主线隧道使用三台阶法施工，钢拱架的弯矩分布相比台阶法较为不利。

综合考虑试验结果，连接线隧道使用台阶法开挖相对全断面法，虽然支护结构接触压力和钢拱架内力有一定增长，但增幅不大。考虑到台阶法可以更好地控

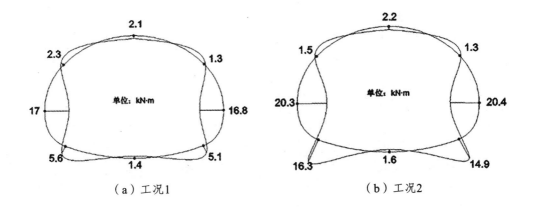

（a）工况1　　　　　　　　　　（b）工况2

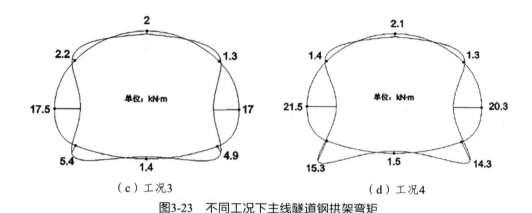

（c）工况3　　　　　　　　　　（d）工况4

图3-23　不同工况下主线隧道钢拱架弯矩

制围岩位移，且工法复杂性也相对不高，因此连接线隧道使用台阶法开挖较为合理。同理，主线隧道使用三台阶法开挖较为合理。综上所述，左右线隧道分别使用台阶法和三台阶法施工较为合理。

3.2　基于数值模拟的分岔隧道开挖方法优化分析

本章通过对比分岔主线隧道和连接线隧道不同的开挖方法对中墙、围岩和隧道结构的影响程度，优选分别针对主线隧道和连接线的合理开挖方法。

连接线隧道净宽为8.5 m，计算时连接线开挖工法采用① 全断面开挖，② 上下台阶开挖；主线隧道净宽为13.2 m，属于大断面隧道，计算时采用：① 三台阶开挖，② 三台阶弧形导坑开挖。开挖方法如图3-24所示。

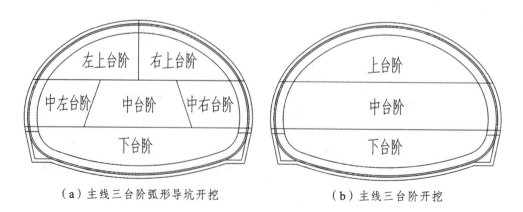

（a）主线三台阶弧形导坑开挖　　　　　（b）主线三台阶开挖

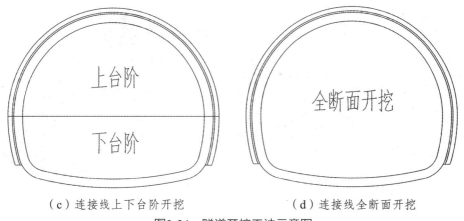

（c）连接线上下台阶开挖　　　　　　　（d）连接线全断面开挖

图3-24　隧道开挖工法示意图

3.2.1　计算模型及工况

1. 计算模型

根据重庆火凤山隧道纵断面地质及典型横断面资料，建立三维网格模型，山体范围延隧道纵向取80 m。根据理论分析，对于弹性、均质并且处于无限域的介质中开挖的洞室，由于洞室开挖引起的介质应力场和应变场的改变，对开挖洞径3倍范围外的影响一般已经小于5%，对开挖洞径5倍范围以外的影响已经低于1%。故沿左、右线隧道中心线向各自两侧延伸2～3倍最大开挖洞径，两线隧道各自距模型边界最小距离约为62 m，隧道距模型底部距离约为59 m，顶部至地表自然坡面。

管棚和超前锚杆等超前支护的模拟采用提高加固区围岩强度参数的形式来模拟，依据管棚和超前锚杆的打入外插角度以及浆液扩散半径，右线隧道拱顶加固区厚度设置为0.8 m，分岔后的主线和连接线隧道拱顶加固区厚度取1.0 m。模型的边界条件设置为限制左、右、前、后四个边界面垂直于平面方向的位移，模型底面限制垂直于平面和平行于平面方向的位移。初期支护喷射混凝土层和钢筋网根据抗压强度等效准则合并使用shell单元，隧道二次衬砌采用实体单元模拟，锚杆采用cable结构单元模拟。计算时隧道围岩应力-应变特性按弹塑性材料处理，破坏模式采用Mohr-Coulomb准则，因其需要的参数容易确定，且很适合分析以极限承载力为分析重点的弹塑性问题。计算模型如图3-25及图3-26所示。

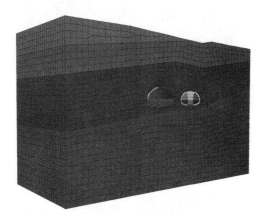

（a）数值模型示意图

（b）分岔隧道模型示意图

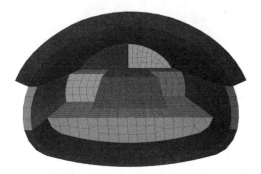

（c）主线三台阶弧形导坑开挖

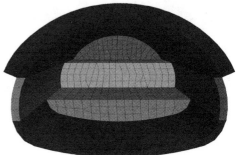

（d）主线三台阶开挖

图3-25　主线开挖模型示意图

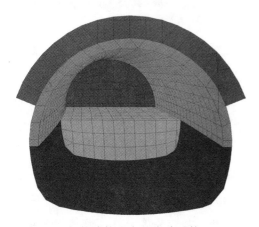

（a）连接线上下台阶开挖

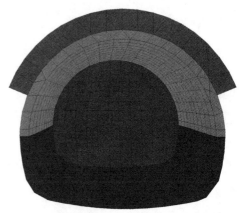

（b）连接线全断面开挖

图3-26　连接线开挖模型示意图

2. 支护参数及计算工况

在进行开挖计算时，隧道初期支护使用shell结构单元进行模拟；注浆锚杆使用cable结构单元进行模拟，注浆刚度设置为17.5 MPa，主线锚杆参数为@100×80 cm，L=3.5 m；连接线锚杆参数为@100×80 cm，L=3.0 m；20 m加宽段锚杆参数为@100×60 cm，L=4.5 m；25 m加宽段锚杆参数为@100×60 cm，L=4.5 m。初期支护中的钢拱架使用等效计算的方法来进行模拟，隧道围岩视为弹塑性材料，采用Mohr-Coulomb屈服准则，使用三维实体单元进行模拟，二衬视为弹性材料，使用三维实体单元进行模拟。

各材料的计算参数如表3-9所示。

表 3-9　材料计算参数

项目		密度 / （kg/m³）	弹性模量 / GPa	泊松比	黏聚力 / kPa	摩擦角 / （°）	厚度 / m
泥岩		2 510	1.31	0.32	150	31.52	—
砂岩		2 510	2.83	0.25	420	34.51	—
超前加固区		2 510	1.61	0.32	195	31.52	—
左线 20 m 加宽段	初期支护	2 400	30.04	0.20	—	—	0.32
	临时支护	2 400	28.98	0.20	—	—	0.28
	二次衬砌	2 400	31.50	0.20	—	—	0.95
左线 25 m 加宽段	初期支护	2 400	29.69	0.20	—	—	0.35
	临时支护	2 400	28.98	0.20	—	—	0.28
	二次衬砌	2 400	31.50	0.20	—	—	1.20
连接线 隧道	初期支护	2 400	28.14	0.20	—	—	0.22
	临时支护	2 400	—	—	—	—	—
	二次衬砌	2 400	31.50	0.20	—	—	0.45
分岔后 主线隧道	初期支护	2 400	28.30	0.20	—	—	0.24
	临时支护	2 400	—	—	—	—	—
	二次衬砌	2 400	31.50	0.20	—	—	0.55

本节通过数值计算对连接线隧道和分岔主线隧道不同开挖工法进行对比研究，共设置4种工况，分别为：工况一，连接线全断面开挖，主线三台阶开挖；工况二，连接线全断面开挖，主线三台阶弧形导坑开挖；工况三，连接线上下台阶开挖，主线三台阶开挖；工况四，连接线上下台阶开挖，主线三台阶弧形导坑开挖。各计算工况除开挖方法不同外，支护方式及参数均相同，如表3-10所示。

表3-10　计算工况

编号	分岔隧道	开挖工法	支护方式	台阶错距
工况一	连接线隧道	全断面开挖	喷锚＋二衬	8 m
	主线隧道	三台阶开挖		
工况二	连接线隧道	全断面开挖	喷锚＋二衬	8 m
	主线隧道	三台阶弧形导坑开挖		
工况三	连接线隧道	上下台阶开挖	喷锚＋二衬	8 m
	主线隧道	三台阶开挖		
工况四	连接线隧道	上下台阶开挖	喷锚＋二衬	8 m
	主线隧道	三台阶弧形导坑开挖		

3. 开挖设计

计算时开挖包括右线隧道、20 m加宽段隧道、25 m加宽段隧道、主线隧道和连接线隧道总共5个部分，其中右线隧道为先行洞，第5章将重点研究后行隧道对先行隧道的影响，本章计算主要研究左线隧道分岔段隧道开挖的稳定性。

计算时首先对自重应力进行计算，接着再分别按照顺序对相应隧道进行开挖。分岔小净距隧道开挖时，主线和连接线隧道均为单独开挖，待其中一个隧道二衬施作完成后再对另一个隧道进行开挖支护。

结合现场施工设计，计算时采用的具体施工步序如下所述：

（1）右线隧道循环开挖并支护施作二衬。

（2）隧道20 m和25 m加宽段双侧壁两侧进行开挖并施作喷锚支护，中导坑暂不开挖。

（3）主线隧道（连接线隧道）分部开挖，循环进尺为0.8 m，台阶错距为8 m，每个开挖步完成后施作相应部位的锚杆结构和喷射混凝土支护，直至隧道开挖完毕。在距离隧道开挖下台阶20 m施作二次衬砌支护结构，每次施作8 m范围。

（4）连接线隧道（主线隧道）分部开挖，循环进尺为0.8 m，台阶错距为8 m，循环开挖并施作二衬结构。

（5）20 m加宽段中导洞上下台阶开挖，施作顶部锚杆和横向临时支护。

（6）25 m加宽段中导洞上下台阶开挖，施作喷射混凝土、锚杆结构和横向临时支护。

（7）分别拆除20 m和25 m加宽段隧道临时支护并施作二次衬砌结构，封闭成环，形成稳定结构。

3.2.2　隧道位移变形分析

本小节分别提取分岔后主线隧道和连接线隧道中部围岩变形受开挖的变形值，综合对比不同开挖方法下隧道的水平位移和竖向位移变化情况，如图3-27所示。在FLAC3D计算软件中位移的正值代表向右、向上的变形，位移的负值代表向左、向下的变形。

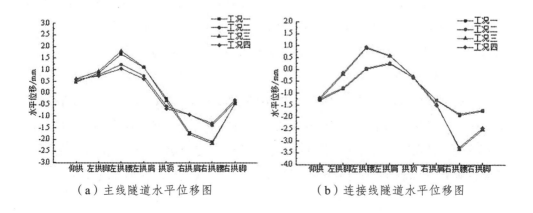

（a）主线隧道水平位移图　　　　　　（b）连接线隧道水平位移图

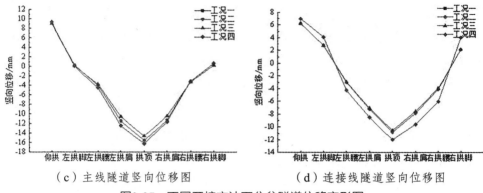

（c）主线隧道竖向位移图　　　（d）连接线隧道竖向位移图

图3-27　不同开挖方法下分岔隧道位移变形图

由图3-27（a）得：主线隧道水平位移值在拱顶处几乎为零，在拱腰处达到最大，在仰拱、拱脚处又达到较小；在工况一和工况三下，主线隧道水平位移最大值相近，为2.0 mm，在工况二和工况四下，主线隧道水平位移最大值相近，为1.4 mm。由图（b）得：连接线隧道在左拱腰和左拱肩有向右的水平位移，在其余位置均为向左的水平位移，且数值普遍大于向右的水平位移值；在工况一和工况二下，连接线隧道水平位移最大值相近，出现在右拱腰，为2.0 mm，在工况三和工况四下，连接线隧道水平位移最大值相近，也出现在右拱腰，为3.5 mm。由图（c）得：主线隧道主要呈现向下的沉降，拱顶处向下的位移值最大，仰拱处向上的位移值最大；4种工况下，主线隧道竖向位移值相近，拱顶处位移值为14～16 mm，仰拱处位移值为9 mm。由图（d）得：连接线隧道主要呈现向下的沉降，拱顶处向下的位移值最大，仰拱处向上的位移值最大；4种工况下，连接线隧道竖向位移值相近，拱顶处位移值为10～12 mm，仰拱处位移值为6～7 mm。

由上述分析可得，主线和连接线隧道的不同开挖方式对两隧道的竖向位移影响较小，主线隧道的水平位移值在采用三台阶弧形导坑开挖时明显小于采用三台阶开挖时，且在连接线隧道采用上下台阶开挖时，主线水平位移值最小，故综合考虑，应采用工况四，即连接线上下台阶开挖，主线三台阶弧形导坑开挖。

3.2.3 支护结构应力分析

本节提取不同工况下小净距主线隧道和连接线隧道的初期支护受力云图，综合对比四种工法下隧道初期支护结构受力情况，如图3-28及图3-29所示。

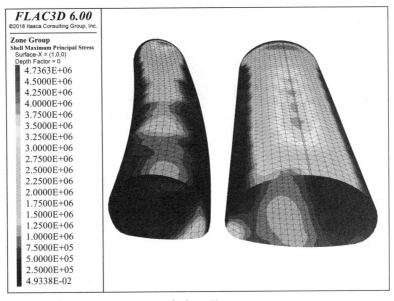

（a）工况一

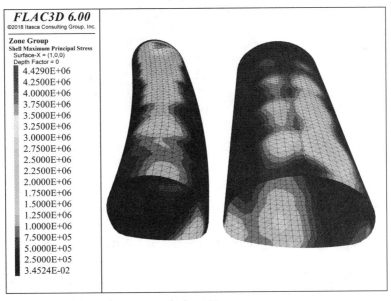

（b）工况二

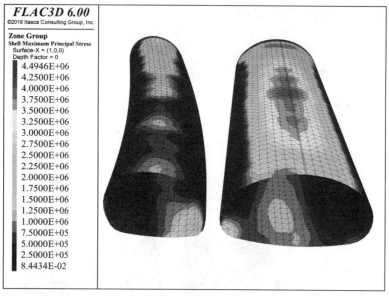

（c）工况三

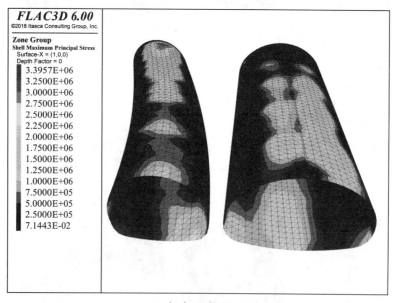

（d）工况四

图3-28　不同开挖方法下支护结构最大主应力云图（单位：Pa）

图3-28为不同工况下支护结构的最大主应力分布云图，从图中可以看出，不同工况下支护结构的最大主应力分布规律大致相同。各工况下最大主应力的量值

均为正值，表明最大主应力均为压应力，同时可以发现无论是连接线隧道还是主线隧道，其拱顶和仰拱处的最大主应力值相对其他位置都要更大，即支护结构在拱顶和仰拱出现应力集中现象。

从最大主应力的量值看，工况一下最大主应力的最大值为4.75 MPa，工况二下最大主应力的最大值为4.429 MPa，工况三下最大主应力的最大值为4.495 MPa，工况四下最大主应力的最大值为3.396 MPa，可以看出，不同施工工法对其最大主应力的量值影响较小，但对其应力分布影响较大。对比分析工况四连接线隧道采用上下台阶开挖，主线隧道采用三台阶弧形导坑法施工对最大主应力的控制效果优于其他工况。

图3-29为不同工况下支护结构的最小主应力分布云图，从图中可以看出，不同工况下支护结构的最小主应力分布规律大致相同。各工况下最小主应力的量值均为负值，表明最小主应力均为压应力，同时可以发现无论是连接线隧道还是主线隧道，其拱肩、拱腰处的最小主应力值相对其他位置都要更大，即支护结构在拱肩、拱腰处出现应力集中现象。观察最小主应力极值出现的位置，各工况下连接线隧道的右拱腰处，主线隧道的右拱肩处的最小主应力值较大。

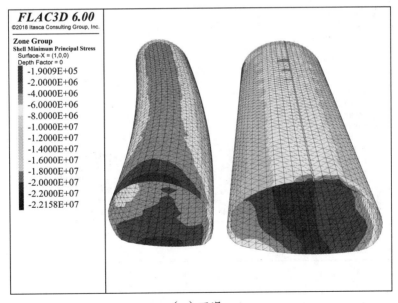

（a）工况一

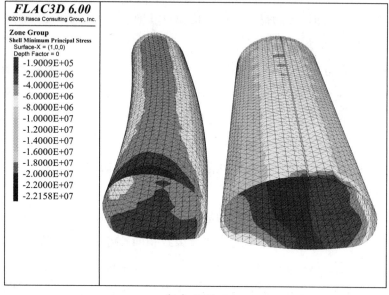

（b）工况二

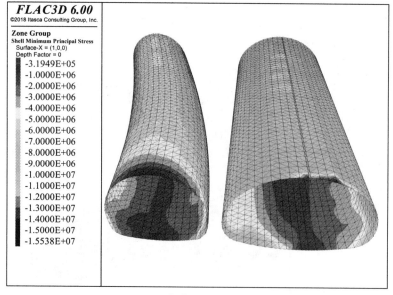

（c）工况三

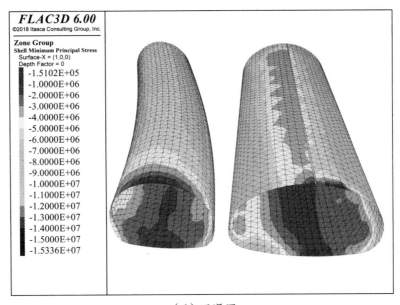

（d）工况四

图3-29　不同开挖方法下支护结构最小主应力云图（单位：Pa）

　　从最小主应力的量值看，工况一下最小主应力的最大值和最小值为 − 22.158 MPa 和 − 0.190 MPa，工况二下最小主应力的最大值和最小值为 − 21.913 MPa和 − 0.003 1 MPa，工况三下最小主应力的最大值和最小值为 − 15.538 MPa和 − 0.319 MPa，工况四下最小主应力的最大值和最小值为 − 15.336 MPa和 − 0.151 MPa。可以看出，不同的施工方法对最小主应力的最小值影响巨大，通过比较可以看出连接线采用双台阶的施工方法可有效控制最小主应力的大小。

　　但从不同工况下最小主应力最大值减小的幅度看，工况二相比工况一，最小主应力的最大值减小了0.245 MPa，工况三相比工况二减小了6.375 MPa，工况四相比工况三减小了0.202 MPa。当连接线隧道采用双台阶法施工时，主线隧道采用三台阶法或三台阶弧形导坑法施工对最小主应力的控制效果相当，三台阶弧形导坑法略优于三台阶法。

3.2.4　中岩墙变形特性分析

本节研究小净距隧道开挖时的中岩墙变形特性，通过分析中岩墙围岩的位移，同时与不同开挖组合工况下的计算结果进行比较，得到了中岩墙围岩受竖向位移影响和水平位移影响的不同区域，对中岩墙进行不同区域的划分，进而为小净距隧道开挖工法进行合理优化。

为了分析小净距隧道开挖时的中岩墙的位移规律，在隧道分岔段超小净距区内的每个断面布置21个特征点，共监测3个断面，如图3-30及图3-31所示。

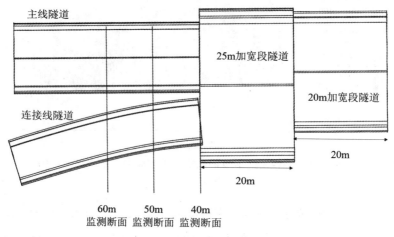

图3-30　中岩墙监测断面图

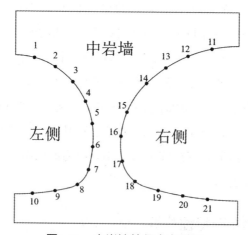

图3-31　中岩墙特征点布置图

1. 中岩墙水平位移

本小节分别提取分岔后主线隧道和连接线隧道中部围岩受开挖影响的变形值，综合对比不同开挖工法下中岩墙的水平位移变化情况，如图3-32及图3-33所示。在FLAC3D计算软件中位移的正值代表向右、向上的变形，位移的负值代表向左、向下的变形（下同）。

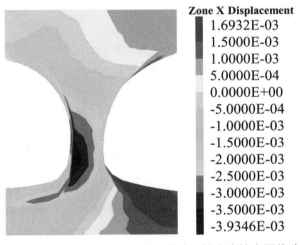

图3-32 连接线全断面主线三台阶开挖中岩墙水平位移云图

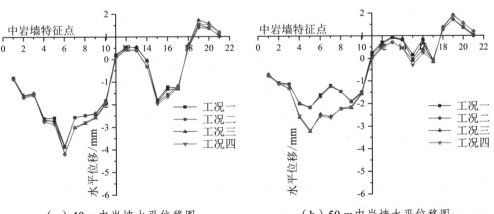

（a）40 m中岩墙水平位移图　　　（b）50 m中岩墙水平位移图

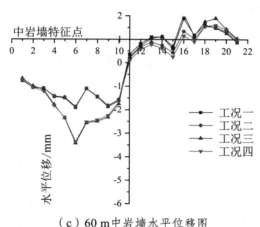

（c）60 m中岩墙水平位移图

图3-33 不同开挖工法下中岩墙水平位移图

从图3-33（a）可以看出：在40 m监测断面（分岔交界面），测点1～10水平位移均为负值，说明中岩墙左侧水平方向有朝连接线一侧移动的趋势；测点11～21中，测点11～13和测点19～21为正值，其余均为负值，说明中岩墙右侧上部和下部有朝主线隧道方向移动的趋势而中部位置侧有朝连接线一侧平移的趋势。从最终的位移分布值来看，中岩墙测点6（中部）往左侧移动了4.00 mm左右，测点19（右下）往右侧移动了1.50 mm左右。在该断面位置，不同工况引起的中岩墙水平位移差异主要体现在测点7、8和16，其中工况一和工况二开挖引起的中岩墙水平位移规律相似，工况三和工况四相似。工况一和工况二在测点7和8引起的向左的位移值较小，为2.50 mm左右，而工况三和工况四在该位置引起的位移值为3.00 mm左右。

从图（b）可以看出，在50 m监测断面（超小净距中部），各工况在测点5引起的位移值最大，工况一和工况二的位移值为－2.16 mm左右，工况三和工况四的位移值为－3.20 mm左右。从整体分布图来看，各工况在该断面的位移差异主要体现在测点4～8，即中岩墙左侧中部，工况一和工况二引起的水平位移较小，有较好的位移控制作用。

从图（c）可以看出，在60 m监测断面，各工况在测点6和7差异最大，工况一和工况二在测点6的位移值为－1.90 mm左右，工况三和四的位移值为－3.40 mm左右。测点16位置向右的位移最大，工况一引起的位移值为1.88 mm，工况二为

1.34 mm，工况三为2.07 mm，工况四为1.15 mm。

总体来看，各工况在中岩墙左侧中部的位移差异最大，且顺着主线开挖方向，中岩墙的厚度逐渐增大，位移差异也逐渐扩大，工况一和工况二对中岩墙的水平位移影响规律相近，有较好的位移控制效果，工况三和工况四规律相近。

2. 中岩墙竖向位移

本小节分别提取分岔后主线隧道和连接线隧道中部围岩受开挖的变形值，综合对比不同开挖工法下中岩墙的竖向位移变化情况，如图3-34及图3-35所示。

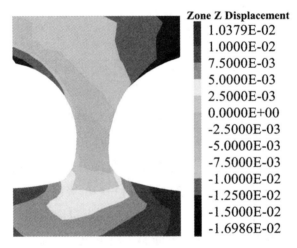

图3-34　连接线全断面主线三台阶开挖中岩墙竖向位移云图

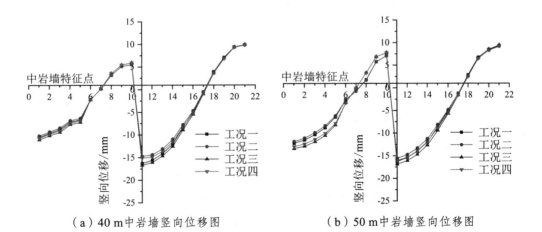

（a）40 m中岩墙竖向位移图　　　　　　（b）50 m中岩墙竖向位移图

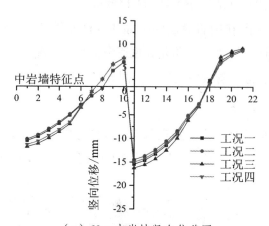

（c）60 m中岩墙竖向位移图

图3-35　不同开挖工法下中岩墙竖向位移图

从图3-35（a）可以看出，在40 m监测断面（分岔交界面），各工况对中岩墙竖向位移在测点11较为明显，工况二引起的竖向位移值最小，为－14.72 mm，工况一和工况三引起的位移值为－16.50 mm左右，工况四位移值为－15.10 mm。从测点整体位移分布来看，测点1～7和测点11～17的竖向位移为负值，说明受开挖的影响，中岩墙整体呈下沉趋势，其中测点11下沉量最明显。

从图（b）可以看出，在50 m监测断面（超小净距中部），各工况引起的中岩墙竖向位移差异较为明显，侧点1位置，工况一引起的位移值为－12.21 mm，工况二为－11.84 mm，工况三为－13.41 mm，工况四为－12.95 mm。在测点11位置，工况一引起的位移值为－16.24 mm，工况二为－15.55 mm，工况三为－16.84 mm，工况四为－16.05 mm。位移分布规律与40 m断面类似。

从图（c）可以看出，在60 m监测断面，中岩墙竖向位移分布图与上述两个断面类似，测点1和测点11的竖向位移值较大。测点1位置，工况三引起的位移值最大，为－11.82 mm，工况二位移值最小，为－10.20 mm；测点11位置，工况三引起的位移最大，为－16.26 mm，工况二为－14.49 mm。

从3个断面的中岩墙竖向位移分布图可以看出，不同工况下的中岩墙竖向位移分布规律均类似，相同测点的位移数值差异在2 mm内。

3.2.5　地表沉降分析

本节提取隧道开挖完成后的地表测点的最终沉降值并绘制沉降分布状态图，地表监测点沿模型横向间隔5.0 m依次从左往右布置，总共设置30个监测点。沿隧道开挖方向选取3个监测断面，分别为纵向20 m、40 m和60 m，其中纵向20 m位置为加宽段隧道上方，纵向40 m位置为分岔交界面，纵向60 m位置为分岔后小净距上方。

监测点布置情况见图3-36及图3-37所示。

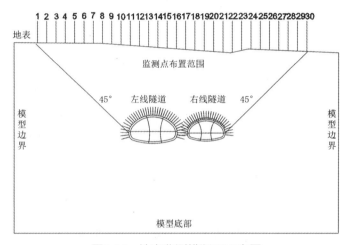

图3-36　地表监测横断面示意图

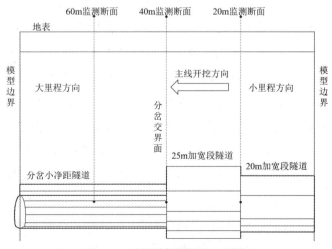

图3-37　地表监测纵断面示意图

由于在左线分岔段，相同里程范围内左线隧道开挖跨度比右线隧道大，且计算时主要考虑左线隧道加宽段和小净距隧道开挖对地表沉降的影响，故图中的地表沉降分布图左右并不对称，且沉降值最大的监测点在小净距隧道中心线偏向左线隧道一侧。不同工况下各监测断面地表沉降分布情况如图3-38、图3-39及图3-40所示。

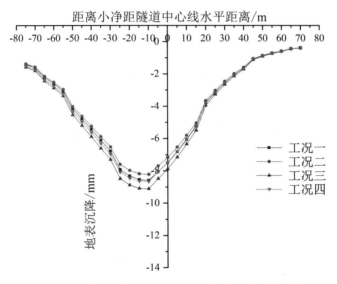

图3-38 不同开挖方法下20 m监测断面地表沉降图

从图3-38可以看出，在距离分岔交界面20 m的加宽段隧道上方，地表沉降最大值为11.00 mm左右，4种工况下对该断面处的地表沉降差异主要体现在距小净距隧道中心线 − 50 ~ 20 m范围内，在此区域范围外各工况对该断面地表沉降的影响差异不大。各工况下地表沉降最大的位置均在距双线隧道中心线左侧10 m位置（主线隧道上方），其中：连接线全断面开挖，主线三台阶开挖引起的地表沉降最大值为11.53 mm；连接线全断面，主线三台阶弧形导坑开挖引起的地表沉降最大值为11.37 mm；连接线上下台阶，主线三台阶开挖引起的地表沉降最大值为11.68 mm；连接线上下台阶，主线三台阶弧形导坑开挖引起的地表沉降最大值为11.50 mm。

从图3-39可以看出，在分岔交界面隧道上方，地表沉降最大值为10.00 mm左右，4种工况下对该断面处的地表沉降差异主要体现在距小净距隧道中心

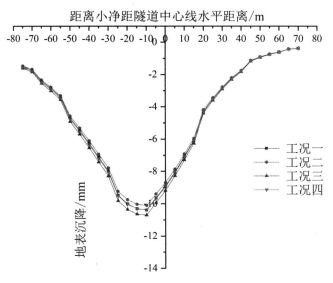

图3-39 不同开挖方法下40 m监测断面地表沉降图

线 – 50 ～ 20 m范围内，在此区域范围外各工况对该断面地表沉降的影响差异不大。连接线全断面开挖，主线三台阶开挖引起的地表沉降最大值为10.39 mm；连接线全断面，主线三台阶弧形导坑开挖引起的地表沉降最大值为10.11 mm；连接线上下台阶，主线三台阶开挖引起的地表沉降最大值为10.70 mm；连接线上下台阶，主线三台阶弧形导坑开挖引起的地表沉降最大值为10.38 mm。该监测断面位于分岔交界面上方，隧道断面形式变化复杂，4种工况在该断面对地表沉降的影响差异体现较为明显，工况二与工况三之间的差异为6%左右。

从图3-40可以看出，在距离分岔交界面20 m的分岔后小净距隧道上方，地表沉降最大值为9.00 mm左右，4种工况下对该断面处的地表沉降差异主要体现在距小净距隧道中心线 – 50 ～ 20 m范围内，在此区域范围外各工况对该断面地表沉降的影响差异不大。连接线全断面开挖，主线三台阶开挖引起的地表沉降最大值为8.59 mm；连接线全断面，主线三台阶弧形导坑开挖引起的地表沉降最大值为7.69 mm；连接线上下台阶，主线三台阶开挖引起的地表沉降最大值为9.11 mm；连接线上下台阶，主线三台阶弧形导坑开挖引起的地表沉降最大值为8.65 mm。该监测断面位于分岔小净距隧道上方，4种工况在该断面对地表沉降的影响差异体现最明显，工况二与工况三之间的差异为18%左右。

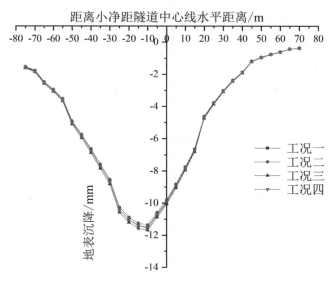

图3-40 不同开挖方法下60 m监测断面地表沉降图

根据以上3个断面的地表沉降分布图分析可以看出，工况二，即连接线全断面、主线三台阶弧形导坑开挖引起的沉降值最小，连接线上下台阶、主线三台阶开挖引起的沉降值最大，主线隧道三台阶弧形导坑开挖更能有效控制地表沉降。结合现场实际施工设计，连接线使用台阶法开挖更能保证施工安全性，故建议分岔隧道开挖使用连接线上下台阶法，主线隧道三台阶弧形导坑法开挖。

3.3 基于数值模拟的分岔隧道开挖进尺优化分析

本节通过小净距隧道不同的开挖进尺组合计算，提取隧道位移变形、支护受力、中岩墙变形和地表沉降结果对比，对现场施工开挖进尺提供合理优化建议。

3.3.1 计算模型及工况

数值模型、计算参数和开挖设计与上述小节相同。

本节通过数值计算对连接线隧道和分岔主线隧道不同开挖进尺进行对比研究，共设置4种工况，分别为：工况一，连接线1.6 m，主线1.6 m；工况二，连接线0.8 m，主线1.6 m；工况三，连接线0.8 m，主线0.8 m；工况四，连接线

1.6 m，主线0.8 m。各计算工况除开挖方法不同外，支护方式及参数均相同，如表3-11所示。

表 3-11　计算工况

编号	分岔隧道	开挖工法	支护方式	开挖进尺
工况一	连接线隧道	上下台阶开挖	喷锚＋二衬	1.6 m
	主线隧道	三台阶弧形导坑开挖		1.6 m
工况二	连接线隧道	上下台阶开挖	喷锚＋二衬	0.8 m
	主线隧道	三台阶弧形导坑开挖		1.6 m
工况三	连接线隧道	上下台阶开挖	喷锚＋二衬	0.8 m
	主线隧道	三台阶弧形导坑开挖		0.8 m
工况四	连接线隧道	上下台阶开挖	喷锚＋二衬	1.6 m
	主线隧道	三台阶弧形导坑开挖		0.8 m

3.3.2　隧道位移变形分析

本小节分别提取分岔后主线隧道和连接线隧道中部围岩变形受开挖的变形值，综合对比不同开挖进尺下隧道的水平位移和竖向位移变化情况，如图3-41所示。在FLAC3D计算软件中位移的正值代表向右、向上的变形，位移的负值代表向左、向下的变形。

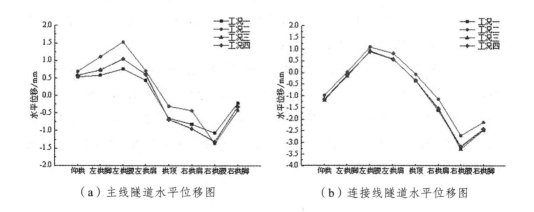

（a）主线隧道水平位移图　　　　　（b）连接线隧道水平位移图

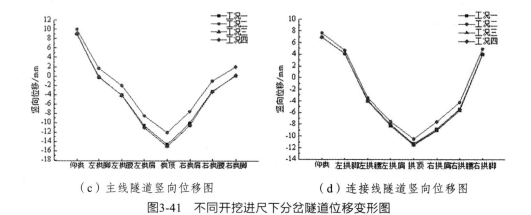

（c）主线隧道竖向位移图　　　　　　（d）连接线隧道竖向位移图

图3-41　不同开挖进尺下分岔隧道位移变形图

由图3-41（a）得：主线隧道水平位移值在左拱肩和拱顶处几乎为零，在拱腰处达到最大，在仰拱、拱脚处又达到较小；在4种工况下，主线隧道水平位移最大值相近，为1.5 mm。由图（b）得：连接线隧道在左拱腰和左拱肩有向右的水平位移，在其余位置均为向左的水平位移，且数值普遍大于向右的水平位移值；在工况一、工况三和工况四下，连接线隧道水平位移最大值相近，出现在右拱腰，为3.2 mm，在工况二下，连接线隧道水平位移最大值也出现在右拱腰，为2.7 mm。由图（c）得：主线隧道主要呈现向下的沉降，拱顶处向下的位移值最大，仰拱处向上的位移值最大；在工况一、工况三和工况四下，主线隧道竖向位移最大值相近，为15 mm，在工况二下，主线隧道竖向位移最大值为12 mm。由图（d）得：连接线隧道主要呈现向下的沉降，拱顶处向下的位移值最大，仰拱处向上的位移值最大；4种工况下，连接线隧道竖向位移值相近，拱顶处位移值为10～12 mm，仰拱处位移值为7～8 mm。

由上述分析可得，主线和连接线隧道的不同开挖进尺对两隧道的竖向位移和水平位移影响较小，不同工况下，隧道位移的分布规律和最值相近，所以采用较小的开挖进尺并不能进一步抑制隧道的变形，反而会增加施工组织的难度、降低经济性，故综合考虑，采用工况一，即主线开挖进尺为1.6 m，连接线开挖进尺为1.6 m。

3.3.3　支护结构应力分析

本节提取不同工况下小净距主线隧道和连接线隧道的初期支护受力云图，综合对比四种工法下隧道初期支护结构受力情况，如图3-42及图3-43所示。

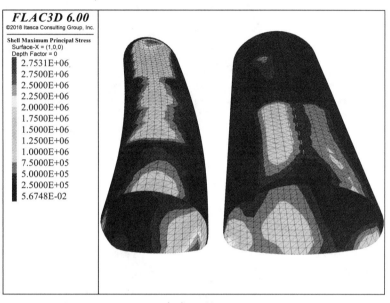

（a）工况一

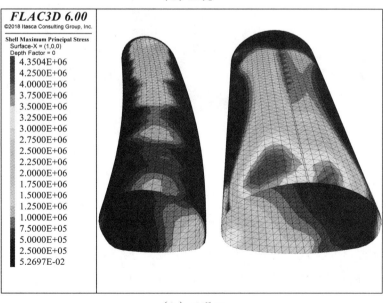

（b）工况二

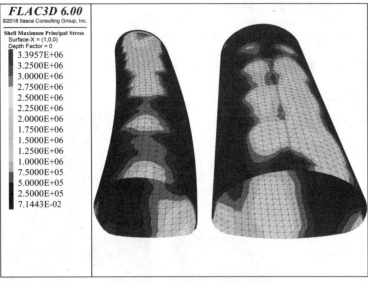

（c）工况三

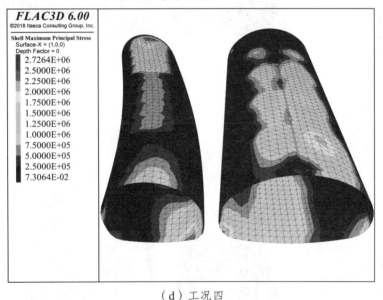

（d）工况四

图3-42　不同开挖进尺下支护结构最大主应力云图（单位：Pa）

　　图3-42为不同工况下支护结构的最大主应力分布云图，从图中可以看出，不同工况下支护结构的最大主应力分布规律大致相同。各工况下最大主应力的量值均为正值，表明最小主应力均为压应力，同时可以发现无论是连接线隧道还是主

线隧道，其拱顶和仰拱处的最大主应力值相对其他位置都要更大，即支护结构在拱顶和仰拱出现应力集中现象。

从最大主应力的量值看，工况一下最大主应力的最大值为2.753 MPa，工况二下最大主应力的最大值为4.350 MPa，工况三下最大主应力的最大值为3.396 MPa，工况四下最大主应力的最大值为2.726 MPa。对比分析，工况二最大主应力最值较大且应力集中区域较广，工况一、工况三、工况四最值差距较小，但工况三、工况四应力集中范围较广，工况一最大主应力最值较小且应力集中范围较小，综合4种工况，工况一主线隧道开挖进尺1.6 m，连接线隧道开挖进尺1.6 m对最大主应力的控制较好。

图3-43为不同工况下支护结构的最小主应力分布云图，从图中可以看出，不同工况下支护结构的最小主应力分布规律大致相同。各工况下最小主应力的量值均为负值，表明最小主应力均为压应力，同时可以发现无论是连接线隧道还是主线隧道，其拱肩、拱腰处的最小主应力值相对其他位置都要更大，即支护结构在拱肩、拱腰处出现应力集中现象。观察最小主应力极值出现的位置，工况一、工况三、工况四下连接线隧道的右拱腰处，主线隧道的右拱肩处最小主应力值较大，工况二下连接线隧道的右拱腰处，主线隧道的右拱腰处最小主应力值较大。

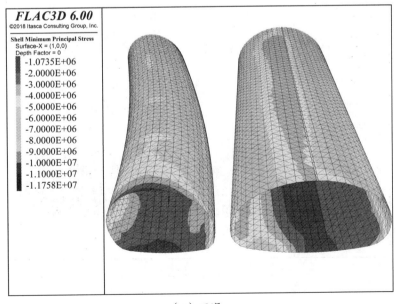

（a）工况一

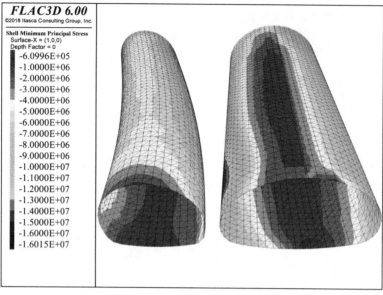

（b）工况二

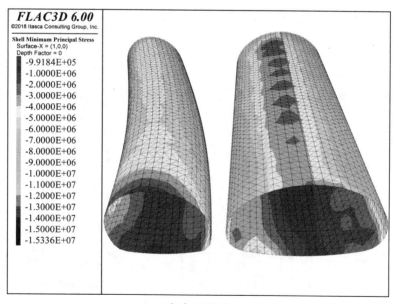

（c）工况三

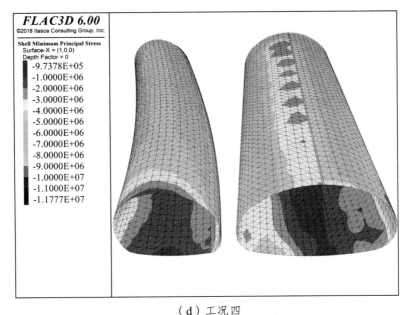

（d）工况四

图3-43　不同开挖进尺下支护结构最小主应力云图（单位：Pa）

从最小主应力的量值看，工况一下最小主应力的最大值和最小值为 − 11.758 MPa 和 − 1.074 MPa，工况二下最小主应力的最大值和最小值为 − 16.015 MPa 和 − 0.610 MPa，工况三下最小主应力的最大值和最小值为 − 15.336 MPa 和 − 0.992 MPa，工况四下最小主应力的最大值和最小值为 − 11.777 MPa 和 − 0.974 MPa。通过比较可以看出工况一主线隧道开挖进尺1.6 m，连接线隧道开挖进尺1.6 m对最小主应力控制较好。

但从不同工况下最小主应力最大值减小的幅度看，工况三相比工况二，最小主应力的最大值减小了0.679 MPa，工况四相比工况三减小了3.559 MPa，工况一相比工况四减小了0.019 MPa。综合考虑安全和经济因素，工况一主线隧道开挖进尺1.6 m，连接线隧道开挖进尺1.6 m是较优方案。

3.3.4　中岩墙变形特性分析

本节研究小净距隧道开挖时的中岩墙变形特性，通过分析中岩墙围岩的位移，同时与不同开挖进尺组合工况下的计算结果进行比较，得到了中岩墙围岩受竖向位移影响和水平位移影响的不同区域，对中岩墙进行不同区域的划分，进而为小净距隧道开挖进尺进行合理优化。

中岩墙测点布置和断面选择与上节相同。

1. 中岩墙水平位移

本小节分别提取分岔后主线隧道和连接线隧道中部围岩受开挖的变形值，综合对比不同开挖进尺下中岩墙的水平位移变化情况，如图3-44及图3-45所示。在FLAC3D计算软件中位移的正值代表向右、向上的变形，位移的负值代表向左、向下的变形（下同）。

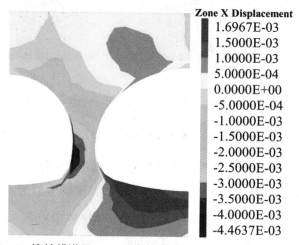

图3-44 连接线进尺1.6 m、主线进尺1.6 m中岩墙水平位移云图

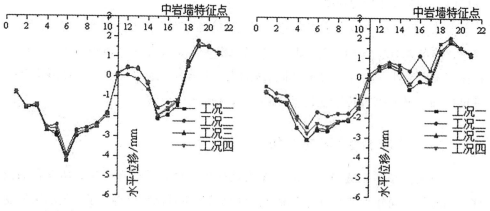

（a）中岩墙40 m处水平位移图   （b）中岩墙50 m处水平位移图

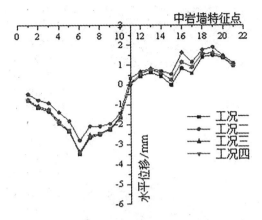

（c）中岩墙60 m处水平位移图

图3-45　不同开挖进尺下中岩墙水平位移变形图

由图3-45（a）得：在40 m断面处，中岩墙水平位移值在11号点处（主线隧道左拱肩）几乎为零，在6号点处（连接线隧道右拱腰）达到最大；在采用工况二时，中岩墙水平位移整体上较小，最大水平位移值为3.9 mm。由图（b）得：在50 m断面处，中岩墙水平位移值在11号点和13号点处（主线隧道左拱肩附近）几乎为零，在5号点处（连接线隧道右拱腰）达到最大；在采用工况二时，中岩墙水平位移整体上较小，最大水平位移值为2.5 mm。由图（c）得：在60 m断面处，中岩墙水平位移值在11号点和15号点处（主线隧道左拱肩和左拱腰）几乎为零，在6号点处（连接线隧道右拱腰）达到最大；在采用工况二时，中岩墙水平位移整体上较小，最大水平位移值为2.8 mm。

由上述分析可得，主线和连接线隧道采用不同开挖进尺对两隧道对中岩墙水平位移影响较大。不同工况下，隧道位移的分布规律和最值相近，采用工况二时能最大限度地抑制中岩墙的最大水平位移，由于连接线断面较小，开挖进尺可以适当增大，故综合考虑，采用连接线1.6 m开挖进尺，主线1.6 m开挖进尺比较合理。

2. 中岩墙竖向位移

本小节分别提取分岔后主线隧道和连接线隧道中部围岩变形受开挖的变形值，综合对比不同开挖进尺下中岩墙的竖向位移变化情况，如图3-46及图3-47所示。

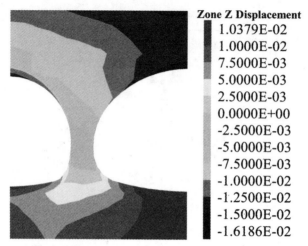

图3-46 连接线进尺1.6 m、主线进尺1.6 m中岩墙竖向位移云图

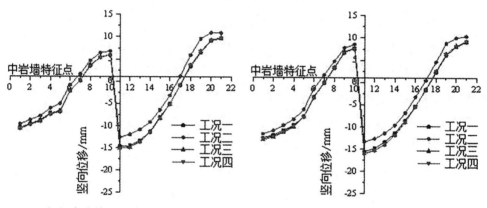

（a）中岩墙40 m处竖向位移图　　　　　（b）中岩墙50 m处竖向位移图

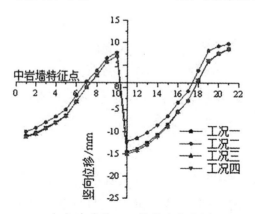

（c）中岩墙60 m处竖向位移图

图3-47 不同开挖进尺下中岩墙竖向位移变形图

由图3-47（a）得：在40 m断面处，中岩墙竖向位移值在7号点（连接线隧道右拱脚）和18号点处（主线隧道左拱脚）几乎为零，在11号点处（主线隧道拱顶）达到最大；在采用工况二时，中岩墙竖向位移整体上较小，最大竖向位移值为12.6 mm。由图（b）得：在50 m断面处，中岩墙竖向位移值在7号点（连接线隧道右拱脚）和17号点处（主线隧道左拱脚）几乎为零，在11号点处（主线隧道拱顶）达到最大；在采用工况二时，中岩墙竖向位移整体上较小，最大竖向位移值为13.3 mm。由图（c）得：在60 m断面处，中岩墙竖向位移值在7号点（连接线隧道右拱脚）和18号点处（主线隧道左拱脚）几乎为零，在11号点处（主线隧道拱顶）达到最大；在采用工况二时，中岩墙竖向位移整体上较小，最大竖向位移值为12.1 mm。

由上述分析可得，主线和连接线隧道采用不同开挖进尺对两隧道中岩墙竖向位移影响较大。不同工况下，隧道位移的分布规律和最值相近，故综合考虑，采用工况一，即主线开挖进尺为1.6 m，连接线开挖进尺为1.6 m。

3.3.5　地表沉降分析

本节提取隧道开挖完成后的地表测点的最终沉降值并绘制沉降分布状态图，测点布置及断面选择与上节4.1.5相同，总共设置30个监测点。

不同工况下各监测断面地表沉降分布情况如图3-48、图3-49及图3-50所示。

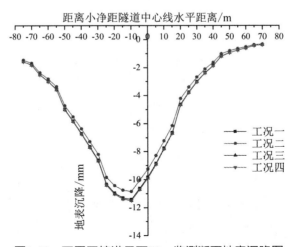

图3-48　不同开挖进尺下20 m监测断面地表沉降图

从图3-48可以看出，在距离分岔交界面20 m的加宽段隧道上方，地表沉降最大值为11.00 mm左右，4种工况下对该断面处的地表沉降差异主要体现在距小净距隧道中心线−30～10 m范围内，在此区域范围外各工况对该断面地表沉降的影响差异较小。各工况下地表沉降最大的位置均在距双线隧道中心线左侧10 m位置（主线隧道上方），其中：连接线开挖进尺1.6 m，主线开挖进尺1.6 m引起的地表沉降最大值为11.41 mm；连接线开挖进尺0.8 m，主线开挖进尺1.6 m引起的地表沉降最大值为10.84 mm；连接线开挖进尺0.8 m，主线开挖进尺0.8 m引起的地表沉降最大值为11.50 mm；连接线开挖进尺1.6 m，主线开挖进尺0.8 m引起的地表沉降最大值为11.50 mm。

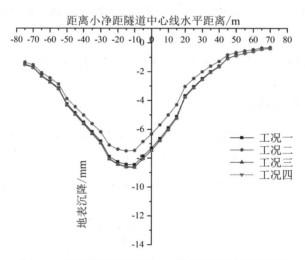

图3-49　不同开挖进尺下40 m监测断面地表沉降图

从图3-49可以看出，在分岔交界面隧道上方，地表沉降最大值为10.00 mm左右，4种工况下对该断面处的地表沉降差异主要体现在距小净距隧道中心线−30～10 m范围内，在此区域范围外各工况对该断面地表沉降的影响差异较小。各工况下地表沉降最大的位置均在距双线隧道中心线左侧10 m位置（主线隧道上方），其中：连接线开挖进尺1.6 m，主线开挖进尺1.6 m引起的地表沉降最大值为10.22 mm；连接线开挖进尺0.8 m，主线开挖进尺1.6 m引起的地表沉降最大值为9.40 mm；连接线开挖进尺0.8 m，主线开挖进尺0.8 m引起的地表沉降最大值为10.38 mm；连接线开挖进尺1.6 m，主线开挖进尺0.8 m引起的地表沉降最大值为10.35 mm。

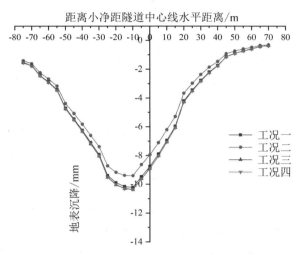

图3-50　不同开挖进尺下60 m监测断面地表沉降图

从图3-50可以看出，在该监测断面地表沉降最大值为8.00 mm左右，4种工况下对该断面处的地表沉降差异主要体现在距小净距隧道中心线－30～20 m范围内，在此区域范围外各工况对该断面地表沉降的影响差异较小。其中：连接线开挖进尺1.6 m，主线开挖进尺1.6 m引起的地表沉降最大值为8.45 mm；连接线开挖进尺0.8 m，主线开挖进尺1.6 m引起的地表沉降最大值为7.47 mm；连接线开挖进尺0.8 m，主线开挖进尺0.8 m引起的地表沉降最大值为8.65 mm；连接线开挖进尺1.6 m，主线开挖进尺0.8 m引起的地表沉降最大值为8.60 mm。该监测断面位于分岔小净距隧道上方，4种工况在该断面对地表沉降的影响差异体现最明显，工况二与工况三之间的差异为16%左右。

根据以上3个断面的地表沉降分布图分析可以看出，工况二，即连接线开挖进尺0.8 m，主线开挖进尺1.6 m工况下的地表沉降相对较小，其余3个工况引起的地表沉降相差不大。由于连接线开挖跨径较小，相对安全，故可以在工况二的基础上选择连接线开挖进尺1.6 m和主线开挖进尺1.6 m。

3.4　本章小结

本章针对隧道施工工法进行优化研究，通过模型试验和数值模拟对火凤山隧道左线ZK3+256～ZK3+336里程范围内的分岔段隧道进行开挖计算，对计算结果进行分析对比，提出了合理的指导现场施工的优化建议。研究主要范围涵盖分岔前的隧道加宽段以及分岔后的小净距隧道，研究内容包括：隧道位移变形分析、支护结构应力分析、中岩墙变形分析以及地表沉降分析。具体研究成果总结如下：

（1）使用模型试验方法针对分岔小净距隧道开挖方法优化分析时发现：连接线隧道使用台阶法进行开挖相比全断面法，围岩位移减小10%～20%，接触压力增大3%～16%，钢拱架轴力增加8%～75%，大弯矩分布范围变广，在一些位置弯矩达到全断面法下弯矩值的7倍。主线隧道使用三台阶法进行开挖相比台阶法，围岩位移减小4%～15%，接触压力增大16%～139%，钢拱架轴力增加7%～89%，钢拱架弯矩增加20%～390%。综合围岩位移、接触压力和钢拱架内力数据进行分析，连接线隧道使用台阶法开挖、主线隧道使用三台阶法开挖较其余组合更为合理。

（2）使用数值模拟针对分岔小净距隧道开挖方法优化研究时，提取不同的开挖工法组合计算结果并分析发现：4种工况下小净距隧道竖向位移相近，主线隧道拱顶最大位沉降值为14～16 mm，连接线为10～12 mm，不同开挖方式对两隧道的竖向位移影响较小；主线隧道采用三台阶弧形导坑法相比同条件的三台阶开挖能够有效减少初期支护结构应力集中值；不同开挖工法对小净距隧道中岩墙的位移影响程度各不相同，主线三台阶弧形导坑开挖比三台阶开挖竖向位移减少了10%左右；主线三台阶弧形导坑开挖比三台阶开挖引起的地表沉降值减少了5%左右。综合各种结果并与现场施工设计结合，推荐使用连接线台阶法施工，主线三台阶弧形导坑开挖。

（3）通过使用分岔小净距隧道不同的开挖进尺进行计算时，发现：主线隧道使用1.6 m开挖进尺时拱顶沉降为12 mm左右，与0.8 m开挖进尺时拱顶沉降数值相近；不同开挖进尺组合下支护结构的应力最大值差异较大，1.6 m开挖进尺相比0.8 m的短进尺，能够有效缓解结构受力，在应力集中区域能够减少约

3 MPa的应力；中岩墙位移值分布受开挖进尺的影响也较大，主线采用1.6 m进尺，连接线采用0.8 m进尺下中岩墙竖向位移比其他工况小2 mm左右；开挖进尺改变对地表沉降影响范围主要为小净距隧道中心线40 m范围内，分岔隧道使用1.6 m开挖进尺引起的地表沉降最大值为10.22 mm左右，相比其他工况，并没有出现明显的增长。综合以上结果对比，小净距隧道推荐使用1.6 m开挖进尺进行开挖。

第4章　特大断面城市小净距分岔式隧道中岩墙变形特性与加固技术研究

　　小净距隧道中岩墙是小净距隧道传力和承力的主要部位，起着非常重要的支撑作用，对小净距隧道稳定性至关重要。由于小净距隧道中岩墙较薄，左右洞室之间开挖互相影响大，因此对小净距隧道中岩墙加固是小净距隧道设计中的关键步骤。采取合理的方式对中岩墙进行加固，对保证隧道在施工和运营期间的安全性意义重大。本章对中岩墙的加固方式和特点以及适用条件进行了调研，通过三维数值模型计算，分析了中岩墙的力学特性，结合中岩墙不同加固方式的效果，提出了一种合理的中岩墙加固方式。

4.1　中岩墙变形加固技术研究

　　小净距隧道中岩墙的加固方式主要有长锚杆加固、超前小导管注浆加固、对拉预应力锚杆加固以及几种方式组合的加固方法。调研国内部分小净距隧道的中岩墙加固方式如表4-1所示。

表 4-1　国内部分分岔小净距隧道中岩墙加固方式

隧道名称	Ⅲ级围岩	Ⅳ级围岩	Ⅴ级围岩
里洋隧道	A+B	A+B	A+B
金旗山隧道	A+B	A+B	A+B
石狮隧道	A+C	A+B	A+B
紫坪铺隧道	A+B	A+B	A+B
联南隧道	A+B	A+B	A+B

注：A代表超前小导管注浆加固；B代表对拉预应力锚杆加固；C代表长锚杆加固。

4.1.1　超前小导管注浆

　　超前小导管注浆是在隧道开挖之前，沿着隧道前方围岩向上一定角度钻孔安装带孔小导管，通过小导管向隧道围岩注入一定比例的混凝土浆液，等到浆液凝结硬化后，隧道围岩就形成了一定厚度的加固层。超前小导管注浆是在软弱破碎围岩地段开挖隧道的常用加固手段，其主要作用是：提高围岩参数，增强围岩的自身强度、自稳能力、承载能力，同时可以减轻初期支护喷射混凝土所承受的外荷载，降低其刚度，增强其柔性，保证小净距隧道开挖的稳定性。

小净距隧道的中岩墙稳定性的控制因素主要指土体黏聚力、内摩擦角、抗压强度、弹性模量等物理力学参数。对小净距隧道中岩墙采取超前小导管注浆加固，其主要机理就是改善中岩墙物理力学性能，通过超前注浆的方法增大土体黏聚力、抗压强度等物理力学参数，然后再进行开挖。

小导管注浆加固主要用于低级别围岩、强度较低的围岩，用过小导管注浆改善其物理参数，增加其强度，同时小导管也能增强围岩的整体刚度，避免其因为应力过大而破坏。围岩级别较低、强度较低的围岩适合用超前小导管注浆加固，所以在中岩墙加固中主要用来加固强度较低的区域。

4.1.2　对拉预应力锚杆加固

对拉预应力锚杆加固是提高小净距隧道中岩墙稳定性的一种重要的加固方式。目前关于对拉预应力锚杆加固原理和理论的研究较少，对拉预应力锚杆加固小净距隧道中岩墙原理可由图4-1解释。当小净距隧道中岩墙顶部承受垂直应力σ_y时，对拉预应力锚杆通过两端的垫板对隧道围岩施加压力扩散的压力σ_x。此时小净距隧道中岩墙的受力状态从单向受压变成双向受压状态，进而提高了中岩墙承载能力和稳定性。

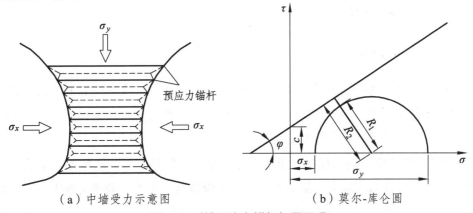

（a）中墙受力示意图　　　　（b）莫尔-库仑圆

图4-1　对拉预应力锚杆加固原理

不考虑小净距隧道的初期支护，那么依据莫尔-库仑准则，得出中岩墙达到极限平衡状态时所需的压力为：

$$\sigma_{x\min} = \frac{1-\sin\varphi}{1+\sin\varphi}\sigma_y - \frac{\cos\varphi}{1+\sin\varphi} \times 2c$$

式中：c、φ为中岩墙围岩的内摩擦角和黏聚力；中岩墙上部垂直压力σ_y，为

$$\sigma_y = \frac{\gamma \times B}{D}\left(\frac{4-\pi}{8}B + H\right) + \gamma\left(\frac{B}{2} + H\right)$$

式中：γ为中岩墙围岩重度；H为埋深；B为隧道开挖宽度；D为小净距隧道净距。

对拉预应力锚杆对中岩墙的压力为：

$$\sigma_x = \frac{N}{a \times b}$$

式中：N为锚杆预应力；a，b为锚杆间距。

锚杆通常采用普通HRB335钢筋，其极限抗拉力为：

$$N_{cr} = R_g \times \frac{\pi \times d^2}{4}$$

式中：R_g为锚杆杆体钢材抗拉强度设计值，参照现行规取R_g=268 MPa；d为锚杆直径，采用直径规格为ϕ25。

可以看出，对拉预应力锚杆能够使中岩墙受力状态从单向受压变成双向受压状态，可以提高小净距隧道中岩墙承载能力和稳定性，所以在中岩墙加固中主要用来加固应力较大的区域。

4.1.3 长锚杆

锚杆是将钢筋制作的杆件锚固于围岩中，用来加固、支护围岩的结构。锚杆支护是充分利用围岩的自身强度，是新奥法的重要设计理念，工程上经常采用锚杆进行加固与支护，其主要作用如下：

（1）悬吊作用。锚杆在隧道开挖过程中，能够把下部岩土体不稳定的区域悬吊于上部稳固的区域上，阻止岩土体的松散塌落。工程经验和实践表明，上部没有稳固的岩土体时，锚杆也能起到支护围岩的作用。

（2）组合梁作用。相对于水平的层状岩土体，锚杆把多层层状岩土体连接在一起，增大层间摩擦阻力，从力学角度来看，就形成了组合梁。

（3）加固作用。对于有节理、裂隙的破碎岩土体或者软弱土体，锚杆能使之具有完整性。在破碎岩土体中增加骨料能使岩土体的组织构造密实，减小孔隙率或裂隙，物理性质主要变化在于介质参数的变化，如弹性模量、黏聚力、内摩擦角等强度参数有所提高，从而起到加固作用。

长锚杆加固主要用于竖向位移较大岩土体，主要摩擦力和悬吊作用控制岩土体的竖向位移，所以在中岩墙加固中主要用来加固竖向位移较大的区域。

4.2　分岔小净距隧道中岩墙加固技术分析

4.2.1　计算模型

为了研究分岔小净距隧道中岩墙加固方式对隧道稳定性的影响，使用有限差分软件FLAC3D进行开挖和加固模拟计算。

根据重庆火凤山隧道纵断面地质及典型横断面资料，建立三维网格模型，山体范围延隧道纵向取80 m，模型宽175 m，高113 m左右，隧道上部延伸至地表。隧道围岩采用Mohr-Coulomb准则的实体单元，初期支护中的钢筋网和钢拱架弹性模量通过等效折算给喷射混凝土的shell结构单元，系统锚杆、加固长锚杆、对拉预应力锚杆采用cable结构单元，直径为25 mm，不同开挖跨度锚杆长度不同，计算时同时考虑喷锚支护和二次衬砌的作用，模型如图4-2、图4-3及图4-4所示。

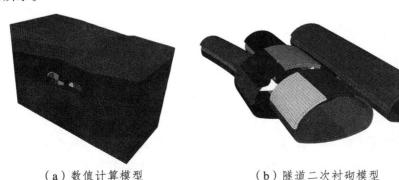

（a）数值计算模型　　　　　　　（b）隧道二次衬砌模型

图4-2　计算模型

图4-3　系统锚杆

（a）中墙加固区域　　　　　　　　（b）对拉预应力锚杆+长锚杆

图4-4　加固长锚杆和对拉预应力锚杆

　　模型的边界条件设置为限制左、右、前、后四个边界面垂直于平面方向的位移，模型底面限制垂直于平面和平行于平面方向的位移，模型上部为自由边界。

4.2.2　计算参数及工况

1. 计算参数

　　隧道围岩采用Mohr-Coulomb屈服准则，由于隧道埋深较浅，计算时仅考虑自重应力场。在重庆火凤山隧道工程的地址勘察报告及施工图设计等资料的基础上，参考《公路隧道设计规范》提供的不同围岩的力学参数进行比拟后选定，超前加固区通过提高围岩参数来模拟，计算中围岩参数和支护参数如表4-2及表4-3所示。

表 4-2　围岩参数

项目	密度 /（kg/m³）	弹性模量 /GPa	泊松比	黏聚力 /kPa	摩擦角 /（°）	厚度 /m
泥岩	2 510	1.31	0.32	150	31.52	—
砂岩	2 510	2.83	0.25	420	34.51	—
超前加固区	2 510	1.61	0.32	195	31.52	—

表 4-3　支护参数

项目		密度 /（kg/m³）	弹性模量 /GPa	泊松比	厚度 /m
左线 20 m 加宽段	初期支护	2 400	30.04	0.2	0.32
	临时支护	2 400	28.98	0.2	0.28
	二次衬砌	2 400	31.50	0.2	0.95
左线 25 m 加宽段	初期支护	2 400	29.69	0.2	0.35
	临时支护	2 400	28.98	0.2	0.28
	二次衬砌	2 400	31.50	0.2	1.20
连接线隧道	初期支护	2 400	28.14	0.2	0.22
	临时支护	2 400	—	—	—
	二次衬砌	2 400	31.50	0.2	0.45
分岔后主线隧道	初期支护	2 400	28.30	0.2	0.24
	临时支护	2 400	—	—	—
	二次衬砌	2 400	31.50	0.2	0.55

　　锚杆加固包括系统锚杆、长锚杆、中岩墙对拉锚杆，采用φ25砂浆锚杆，计算时采用的参数如表4-4所示。

表 4-4　加固锚杆参数

项目	位置	密度 / (kg/m³)	弹性模量 / GPa	布置方式 (环 × 纵) / cm × cm	长度 /m
系统锚杆	20 m 加宽段	7 850	210	100×60	3.5
	25 m 加宽段	7 850	210	100×60	3.5
	连接线	7 850	210	100×80	3.0
	分岔后主线	7 850	210	100×80	3.5
长锚杆	小净距中岩墙	7 850	210	100×80	3.0 ~ 3.5
普通对拉锚杆	小净距中岩墙	7 850	210	100×100	1.5 ~ 5.5
对拉预应力锚杆	小净距中岩墙	7 850	210	100×100	1.5 ~ 5.5

2. 工况设计

为了研究分岔小净距隧道中岩墙加固效果作用，分别建立了中岩墙不加固、中岩墙普通对拉锚杆加固和对拉预应力锚杆加固3种工况。计算开挖时，加宽段隧道采用双侧壁开挖预留中导坑工法，主线隧道采用三台阶弧形导坑法，连接线采用台阶法开挖。各工况如表4-5所示。

表 4-5　计算工况

编号	中岩墙加固方式	加固范围	支护方式	台阶错距
工况一	不加固	超小净距区	喷锚 + 二衬	8 m
工况二	普通对拉锚杆 + 长锚杆	超小净距区	喷锚 + 二衬	8 m
工况三	对拉预应力锚杆 + 长锚杆	超小净距区	喷锚 + 二衬	8 m

注：对拉预应力锚杆预应力为68 kN。

中岩墙的不同区域受到开挖的影响不同，中岩墙的上部分区域主要受竖向位移的影响，中岩墙的中间部分区域主要受水平位移的影响，中岩墙的中间部分到隧道拱脚区域主要受应力的主要影响。不同加固方式有着不同的特点和效果，针对中岩墙的不同区域采取不同的加固方式，可以让中岩墙的加固更加合理、经济、安全。工况二和工况三对中岩墙的上部区域采用长锚杆加固，中部区域采用注浆+对拉锚杆加固，计算时通过施加锚杆张拉力模拟预应力锚杆加固作用，加固方式如图4-5所示。

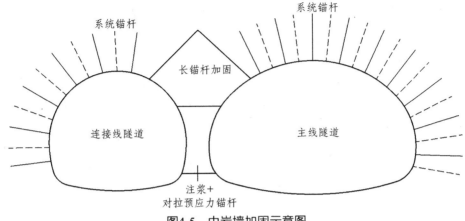

图4-5　中岩墙加固示意图

由于隧道分岔段断面形式多样、开挖工序复杂，为了更好地模拟小净距中岩墙的受力特性，计算时考虑了分岔前加宽段的开挖影响，与现场施工设计相结合，最终选定的计算过程如下：① 加宽段两侧开挖并支护；② 连接线大里程往小里程开挖并支护；③ 主线隧道小里程往大里程开挖并支护（中岩墙在每个开挖步中进行加固）；④ 加宽段中导坑开挖并支护，最终二次衬砌封闭成环。计算流程如图4-6所示。

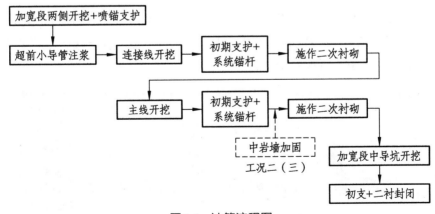

图4-6　计算流程图

3. 测点布置

本章重点研究分岔小净距隧道中岩墙的力学特性受中墙加固方式的影响规律，计算过程中的监测点布置与前相似，超小净距区间隔10 m共设置3个断面，每个监测断面沿中墙两侧依次进行测点布设，进行应力提取时沿中墙中轴线依次进行测点布设，监测点编号布置如图4-7所示。

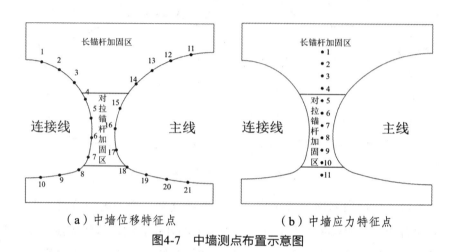

（a）中墙位移特征点　　　　　　（b）中墙应力特征点

图4-7　中墙测点布置示意图

图中的测点编号对应后面的曲线图。

4.2.3　中岩墙水平位移对比

图4-8为小净距隧道开挖时，中岩墙不加固、中岩墙采用对拉锚杆+长锚杆与中岩墙采用对拉预应力锚杆+长锚杆3种工况下，40 m断面处洞周特征点的水平位移云图。通过提取左右隧道的洞周特征点水平位移，绘制洞周特征点的水平位移曲线，如图4-9、图4-10及图4-11所示。

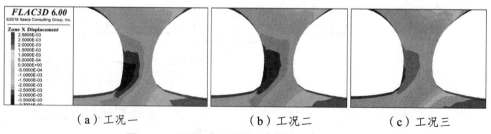

（a）工况一　　　　　　（b）工况二　　　　　　（c）工况三

图4-8　不同加固方式下中岩墙水平位移云图

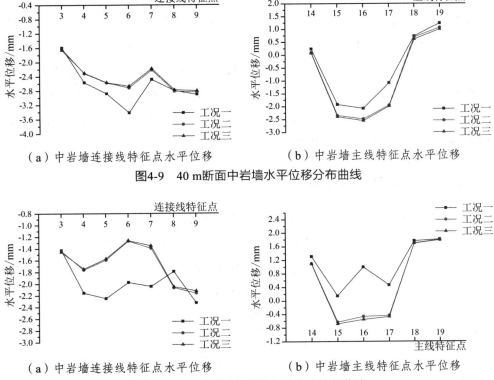

（a）中岩墙连接线特征点水平位移　　　　（b）中岩墙主线特征点水平位移

图4-9　40 m断面中岩墙水平位移分布曲线

（a）中岩墙连接线特征点水平位移　　　　（b）中岩墙主线特征点水平位移

图4-10　50 m断面中岩墙水平位移分布曲线

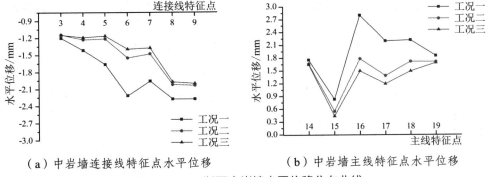

（a）中岩墙连接线特征点水平位移　　　　（b）中岩墙主线特征点水平位移

图4-11　60 m断面中岩墙水平位移分布曲线

从图中可以看出：中岩墙加固之后开挖，小净距隧道的水平位移影响区域的水平位移较中岩墙不加固时开挖明显减少；采用普通对拉锚杆或对拉预应力锚杆加固中岩墙之后开挖，小净距隧道的水平位移影响区域的水平位移几乎相同。

在40 m断面处，连接线洞周特征点5至特征点7，最大水平位移由－3.4 mm减少到－2.7 mm；在50 m断面处，连接线洞周特征点4至特征点7，最大水平位移由－2.2 mm减少到－1.6 mm；在60 m断面处，连接线洞周特征点5至特征点7，最大水平位移由－2.2 mm减少到－1.5 mm，主线洞周特征点15至特征点17，最大水平位移由2.8 mm减少到1.8 mm。因此，中岩墙加固后开挖能很好地控制中岩墙的水平位移，保证了小净距隧道开挖的安全，且采用预应力对拉锚杆+长锚杆加固的方式能更好地限制中岩墙的水平位移。

4.2.4 中岩墙竖向位移对比

如图4-12所示为小净距隧道开挖时，中岩墙不加固、中岩墙采用对拉锚杆+长锚杆与中岩墙采用对拉预应力锚杆+长锚杆3种工况下，40 m断面处洞周特征点的竖直位移云图。通过提取左右隧道的洞周特征点竖向位移，绘制洞周特征点的竖向位移曲线，如图4-13、图4-14及图4-15所示。

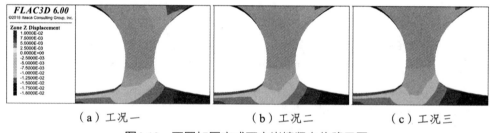

（a）工况一　　　　　　（b）工况二　　　　　　（c）工况三

图4-12　不同加固方式下中岩墙竖向位移云图

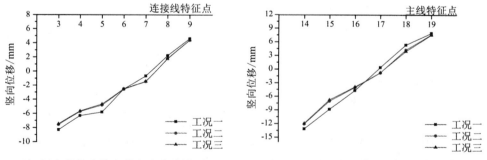

（a）中岩墙连接线特征点竖向位移　　　（b）中岩墙主线特征点竖向位移

图4-13　40 m断面中岩墙竖向位移分布曲线

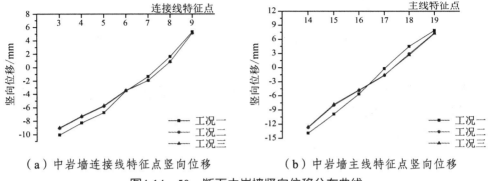

（a）中岩墙连接线特征点竖向位移　　　　　（b）中岩墙主线特征点竖向位移

图4-14　50 m断面中岩墙竖向位移分布曲线

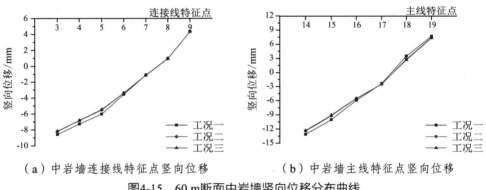

（a）中岩墙连接线特征点竖向位移　　　　　（b）中岩墙主线特征点竖向位移

图4-15　60 m断面中岩墙竖向位移分布曲线

从图中可以看出：中岩墙加固之后开挖，小净距隧道的竖向位移影响区域的竖向位移较中岩墙不加固时开挖明显减少；采用普通对拉锚杆或对拉预应力锚杆加固中岩墙之后开挖，小净距隧道的竖向位移影响区域的竖向位移几乎相同。在40 m断面处，连接线洞周特征点3至特征点5，最大水平位移由8.5 mm减少到7.5 mm，主线洞周特征点14至特征点16，最大竖向位移由13 mm减少到12 mm；在50 m断面处，连接线洞周特征点3至特征点5，最大竖向位移由10.5 mm减少到9 mm，主线洞周特征点14至特征点16，最大竖向位移由14 mm减少到13 mm；在60 m断面处，连接线洞周特征点3至特征点5与主线洞周特征点14至特征点16的竖向位移同样有所减少。因此，中岩墙加固后开挖能较好地控制中岩墙的竖向位移，保证了小净距隧道开挖的安全。

4.2.5　中岩墙应力对比

不同工况下的分岔小净距隧道开挖后中岩墙的最小主应力云图如图4-16所示，应力值为负表示受压作用。

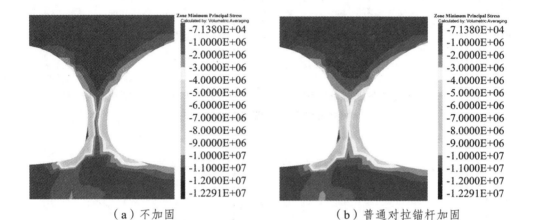

（a）不加固　　　　　　　　　　（b）普通对拉锚杆加固

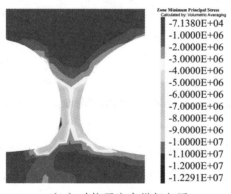

（c）对拉预应力锚杆加固

图4-16　不同加固方式下小净距隧道中岩墙最小主应力云图

从中岩墙受力云图可以看出，墙腰为相对受力较大的区域，由于分岔段连接线隧道与主线隧道的净距很小，故加固前后墙腰均出现了较强的受压状态，外部应力值为 − 5.00 ～ − 7.00 MPa，中墙上部和下部受力相对较小，为 − 1.00 MPa以下，且靠近连接线一侧的中岩墙受力值更大。

图4-16（a）为中墙不加固情况下的应力云图。墙腰位置，中岩墙内部受力相对外部较小，从图中可以看出中岩墙内外受力差异明显，内部应力呈现上下贯

通的分布趋势，应力值为 − 2.00 MPa，为外部应力值最大值的30%左右。在该工况下，中岩墙相对薄弱的墙腰位置应力分布不均匀，受力状态较差。

　　图（b）和图（c）分别为普通对拉锚杆加固和对拉预应力锚杆加固的中岩墙应力分布图，与工况一相比，加固后的中岩墙应力值较大，且墙腰内部应力增长幅度较大，墙腰至墙脚为应力主要影响区域。通过对比两种加固方式可以看出，对拉预应力锚杆加固后的中岩墙拱腰应力分布更均匀，墙腰整体应力值范围为 − 4.00 ∼ − 7.00 MPa。

　　提取小净距隧道在不同开挖工况下的中岩墙应力特征点的最小主应力值，并绘制不同监测断面位置处的应力分布曲线图，见图4-17，应力特征点位于中岩墙内部竖向轴线位置。

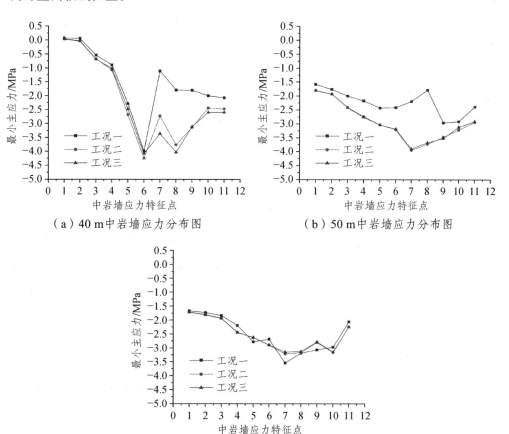

（a）40 m中岩墙应力分布图　　　　（b）50 m中岩墙应力分布图

（c）60 m中岩墙应力分布图

图4-17　不同加固方式下小净距隧道中岩墙最小主应力分布图

图4-17（a）为分岔交界面位置处的小净距隧道中岩墙特征点应力分布图。相比其他断面，该位置的中岩墙厚度最小，仅为1.8 m左右，受分岔段隧道断面形式复杂的影响，此处中岩墙应力分布受加固的影响较大，其中特征点6～11体现明显。从图中可以看出，中岩墙加固后，特征点6及其上部中岩墙应力分布与加固前数值相近，影响较小，而墙腰及墙角部位为应力主要影响区域。特征点7为应力变化最明显的测点，未加固时受力为－1.11 MPa，普通对拉锚杆加固后受力为－2.73 MPa，对拉预应力锚杆加固后为－3.36 MPa。40 m断面处3种工况对中岩墙的应力均有不同程度的影响。

图（b）为50 m断面处的中岩墙特征点应力分布图。该位置位于超小净距区中部，从图中可以看出，两种加固方式在该断面对中岩墙中部应力的影响规律相似。该位置处，中岩墙加固前，墙脚处应力较大，特征点8与特征点9应力值相差较大，后者为前者的1.6倍；中岩墙加固后，墙内部受力普遍增大，从上往下呈先增大后减小的分布趋势，特征点7（墙腰）应力值最大，为－3.90 MPa，为加固前的177%左右。

图（c）为60 m断面位置的中岩墙特征点应力分布图。该位置位于超小净距区末端，从图中可以看出，该断面中岩墙加固前后应力分布范围相近，但加固后，中岩墙应力分布更加均匀，具有规律性，相邻特征点间应力值分布连续，差异较小。通过曲线形状对比可以看出，相比加固前各特征点应力值分布散乱，加固后的中岩墙应力更加稳定。

虽然中岩墙加固后，墙内部轴线位置最小主应力有所增大，承受的压力更大，但中岩墙的强度也随之明显增强，能够满足安全条件。因此，两种加固方式均能够保证中岩墙不因应力过大而造成破坏，保证了小净距隧道开挖的安全稳定特性，其中预应力对拉锚杆能使墙腰和墙脚受力分布更加均匀合理。

4.2.6　锚杆轴力对比

为研究锚杆在隧道开挖后的受力分布情况，绘制中墙两种不同加固方案下对应的锚杆轴力云图，如图4-18及图4-19所示。

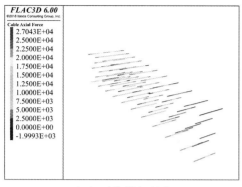
（a）对拉锚杆轴力

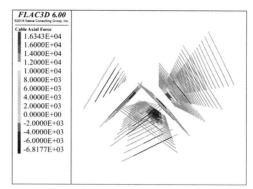
（b）长锚杆加固轴力

图4-18　普通对拉锚杆加固工况锚杆轴力（单位：N）

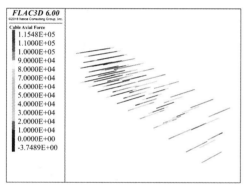
（a）对拉预应力锚杆轴力

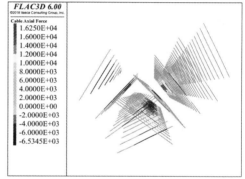
（b）长锚杆加固轴力

图4-19　对拉预应力锚杆加固工况锚杆轴力（单位：N）

从图可以看出：中墙普通对拉锚杆+长锚杆加固时对拉锚杆的最大受力值为27.04 kN，由于中墙厚度沿纵向逐渐增大，对拉锚杆设置时也相应不断增长，从图中可以看出中墙较薄位置对拉锚杆轴力值较小，为7.5 kN左右；在超小净距区末端，对拉锚杆长度为6.5 m左右，轴力也增大到最大值，其中墙腰位置的锚杆受力相对较大。该工况下，小净距隧道上部长锚杆轴力最大值为16.34 kN左右，主线隧道上方锚杆受力相对连接线较大，锚杆轴力值均为正值，表面锚杆处于收拉状态，能够起到悬吊加固作用，减小隧道的竖向位移。

中墙对拉预应力锚杆+长锚杆加固时，中墙位置对拉锚杆的轴力较大，随着中墙厚度增加而不断增大，最大轴力值达115 kN，说明隧道开挖后预应力对中墙的加固效应明显；隧道顶部的长锚杆受力分布与普通对拉锚杆加固工况下相似。

4.2.7 初期支护应力对比

为研究不同加固方式对隧道支护结构应力的影响规律，绘制3种工况下的隧道超小净距区的初期支护最大和最小主应力云图，如图4-20、图4-21及图4-22所示。

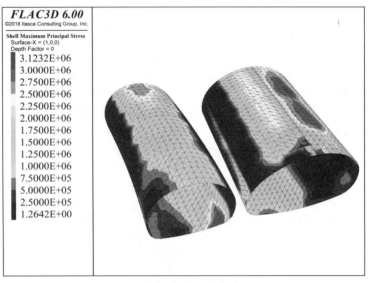

（a）初支最大主应力

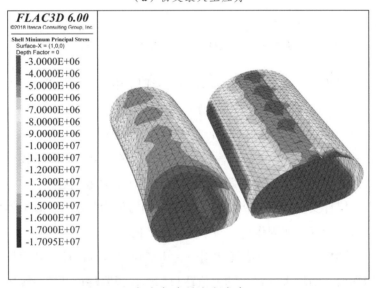

（b）初支最小主应力

图4-20　中岩墙不加固时初支主应力云图（单位：Pa）

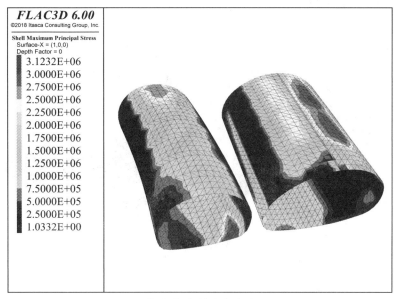

（a）初支最大主应力

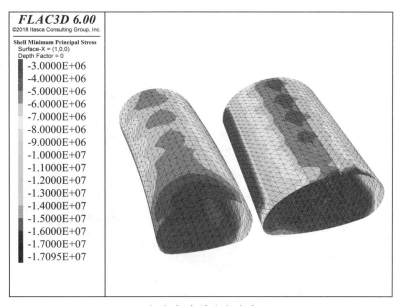

（b）初支最小主应力

图4-21　中岩墙普通加固时初支主应力云图（单位：Pa）

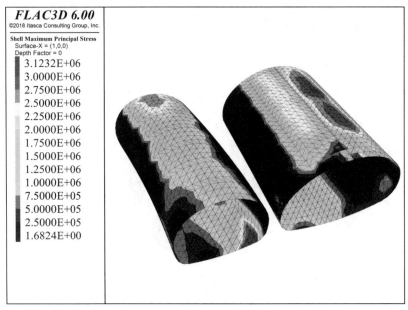

（a）初支最大主应力

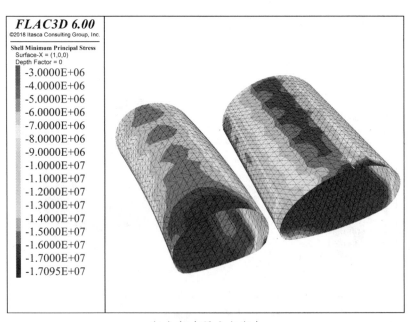

（b）初支最小主应力

图4-22 中岩墙对拉预应力锚杆加固时初支主应力云图（单位：Pa）

　　结合前述小节的研究成果，中岩墙加固后能有效减少隧道的水平和竖向位移并改善中墙的应力分布，使中岩墙受力更稳定，在此基础上隧道初期支护受力也应有所变化。

　　从各图中的初支最大主应力云图可以看出，中岩墙不加固时，主线隧道拱顶位置的最大主应力值较大，靠近中部位置出现两个较大受力点，最大值为5.12 MPa，中岩墙普通对拉锚杆加固后初支最大主应力值为4.71 MPa，对拉预应力锚杆加固后为4.68 MPa，分别减少了8.1%和8.6%。

　　从各图中的初支最小主应力云图可以看出，隧道开挖后，拱顶和底部初支受力相对较小，拱肩受力较大，从超小净距区范围内初支最小主应力值变化来看，不加固时应力值最大为 − 12.39 MPa，普通对拉锚杆加固时应力为 − 11.06 MPa，对拉预应力锚杆加固后应力值为 − 10.07 MPa，分别减少了10.74%和18.73%。这说明中岩墙加固后，中墙承受了更多的内力，变形量更小，使得初期支护承担的内力比减少，且随着加固强度的增加效果更加明显，对结构起到保护作用，提高了分岔小净距隧道施工的安全性。

4.2.8　塑性区对比

　　图4-23为小净距隧道开挖后超小净距区内隧道不同工况下的围岩塑性区分布图，表4-6为不同塑性破坏状态说明。

（a）不加固　　　　　　　　　　　　　　（b）普通对拉锚杆加固

Zone State By Average
None
shear-n shear-p
shear-n shear-p tension-p
shear-p
shear-p tension-p
tension-p

（c）对拉预应力锚杆加固　　　　　　　（d）塑性区破坏状态

图4-23　不同加固方式下小净距隧道塑性区分布

表 4-6　塑性区破坏状态

类别	描述
Shear-n	现阶段为剪切破坏状态
Shear-p	现阶段为弹性未破坏状态，但曾被剪切破坏
Tension-n	现阶段为拉伸破坏状态
Tension-p	现阶段为弹性未破坏状态，但曾被拉伸破坏
None	未发生破坏

从图4-23（a）可以看出，由于超小净距区里分岔交界面较近，中墙未加固时小净距隧道开挖后围岩曾出现大范围的剪切破坏，隧道拱顶处出现过剪切破坏和拉伸破坏，主线隧道底部部分区域处于剪切破坏状态。从小净距隧道修建中的中岩柱塑性区不连通准则来看，不加固时隧道容易出现整体失稳，故需要对中墙采取合理的加固措施。

从图（b）和（c）可以看出，中岩墙加固后，位于加固区内的中墙在隧道开挖过程中没有出现塑性破坏，说明对拉锚杆加固能有效提高中墙抵抗塑性破坏的能力，能保证中墙承载能力得到充分发挥，提高小净距隧道的稳定性。通过对比两种加固方式的塑性区分布可以看出，对拉预应力锚杆加固后超小净距区内隧道中墙塑性破坏区域较小，整体上为弹性变形阶段且分布连贯，而普通对拉锚杆加固后中墙仍出现较大范围的塑性变形，说明预应力对拉锚杆加固对于减少塑性变形的效果更好。

4.3　本章小结

本章对火凤山隧道左线分岔小净距隧道中岩墙的加固方式、中岩墙的力学行为、中岩墙加固效果进行了研究，设计了两种合理的分区加固方式，并对两种加固方式进行了数值计算对比，对其加固效应进行了相应评价，最终提出一种合理的小净距隧道中墙加固方式。

（1）通过分析中岩墙的不同区域受到开挖的影响规律可以看出，中岩墙的上下部分区域主要受竖向位移的影响，中岩墙的中间部分区域主要受水平位移的影响，中岩墙的中间部分到隧道拱脚区域主要受应力的主要影响。

（2）通过对比两种加固方式对中墙位移的影响发现，中岩墙加固之后开挖，小净距隧道的位移影响区域较不加固时开挖明显减少。两种加固方式对小净距隧道的水平位移影响区域差异主要体现在距离分岔断面20 m位置处，该断面预应力对拉锚杆加固对位移的控制效果更好，其中连接线最大水平位移由－2.2 mm减少到－1.5 mm，主线最大水平位移由2.8 mm减少到1.8 mm。

（3）根据两种加固方式对中岩墙应力的影响规律可知：加固后的中岩墙应力值较大，墙腰内部应力增长幅度较大，墙腰至墙脚为应力主要影响区域，应力分布更加均匀，具有规律性，相邻特征点间应力值分布连续，差异较小，更加稳定；两种加固方式均能够保证中岩墙不因应力过大而造成破坏，保证了小净距隧道开挖的安全稳定特性，其中预应力对拉锚杆能使墙腰和墙脚受力分布更加均匀合理。

（4）通过对计算结果中的初期支护受力、塑性区分布和锚杆轴力等进行分析后发现，中岩墙加固后，中墙承受了更多的内力，变形量更小，使得初期支护承担的内力比减少，且随着加固强度的增加效果更加明显，对结构起到保护作用，提高了分岔小净距隧道施工的安全性；对拉预应力锚杆加固后超小净距区内隧道中墙塑性破坏区域较小，整体上为弹性变形阶段且分布连贯，而普通对拉锚杆加固后中墙仍出现较大范围的塑性变形，说明预应力对拉锚杆加固对于减少塑性变形的效果更好。

综合以上结果分析可知，对拉预应力锚杆+长锚杆加固方式对提高中岩墙稳定性较好，能够有效保障小净距隧道开挖的安全性。

第5章　特大断面城市小净距分岔式隧道支护参数优化研究

本章通过数值模拟对分岔段小净距隧道左右线的支护参数进行优化计算，优选最适合本围岩条件下的双洞隧道支护参数，以期为现场施工提供合理的理论指导和施工建议。支护参数计算包括喷射混凝土厚度研究和钢拱架间距研究。

5.1　分岔小净距隧道喷射混凝土厚度优化分析

本节通过小净距隧道初期支护不同喷射混凝土厚度下的开挖计算，提取隧道位移变形、支护受力、中岩墙变形和地表沉降结果对比，对现场施工喷射混凝土厚度提供合理优化建议。

5.1.1　计算模型及工况

数值模型、计算参数和开挖设计与3.1节相同。

本节通过数值计算对连接线隧道和分岔主线隧道不同开挖进尺进行对比研究，共设置3种工况，分别为：工况一，连接线20 cm，主线22 cm；工况二，连接线22 cm，主线24 cm；工况三，连接线24 cm，主线26 cm。各计算工况除开挖方法不同外，支护方式及参数均相同，如表5-1所示。

表 5-1　计算工况

编号	分岔隧道	开挖工法	支护方式	喷射混凝土厚度
工况一	连接线隧道	上下台阶开挖	喷锚＋二衬	20 cm
	主线隧道	三台阶弧形导坑开挖		22 cm
工况二	连接线隧道	上下台阶开挖	喷锚＋二衬	22 cm
	主线隧道	三台阶弧形导坑开挖		24 cm

续表

编号	分岔隧道	开挖工法	支护方式	喷射混凝土厚度
工况三	连接线隧道	上下台阶开挖	喷锚＋二衬	24 cm
	主线隧道	三台阶弧形导坑开挖		26 cm

5.1.2　隧道位移变形分析

本小节分别提取分岔后主线隧道和连接线隧道中部围岩变形受开挖的变形值，综合对比不同喷射混凝土厚度下隧道的水平位移和竖向位移变化情况，如图5-1所示。在FLAC3D计算软件中位移的正值代表向右、向上的变形，位移的负值代表向左、向下的变形。

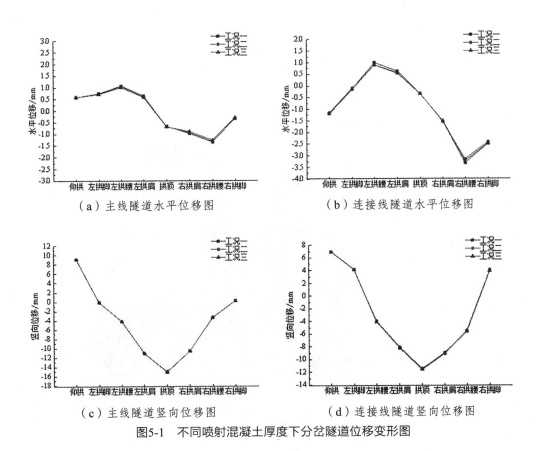

图5-1　不同喷射混凝土厚度下分岔隧道位移变形图

由图5-1（a）得：主线隧道水平位移值在右拱腰处达到最大，在仰拱、左拱肩处又达到较小；在3种工况下，主线隧道水平位移在不同位置均较为接近，从整体来看，主线隧道水平位移在采用工况三时最小；主线隧道水平位移在右拱腰处最大，为1.3 cm。由图（b）得：连接线隧道水平位移值在3种工况下均较为接近，从整体来看，采用工况二时连接线隧道水平位移值较小；连接线隧道水平位移最大值在右拱腰，为3.3 mm。由图（c）得：主线隧道主要呈现向下的沉降，拱顶处向下的位移值最大，仰拱处向上的位移值最大；3种工况下，主线隧道竖向位移值相近，拱顶处位移值为14～16 mm，仰拱处位移值为9 mm。由图（d）得：连接线隧道主要呈现向下的沉降，拱顶处向下的位移值最大，仰拱处向上的位移值最大；3种工况下，连接线隧道竖向位移值相近，拱顶处位移值为11～12 mm，仰拱处位移值为6～7 mm。

5.1.3　支护结构应力分析

本节提取不同工况下小净距主线隧道和连接线隧道的初期支护受力云图，综合对比4种工法下隧道初期支护结构受力情况，如图5-2、图5-3及图5-4所示。

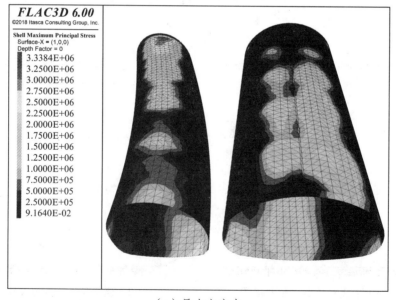

（a）最大主应力

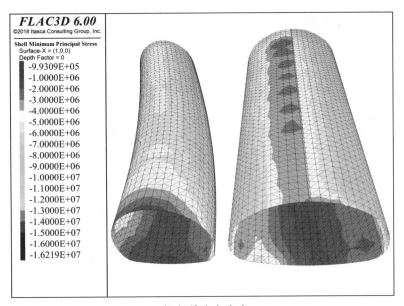

（b）最小主应力

图5-2　工况一下支护结构主应力云图（单位：Pa）

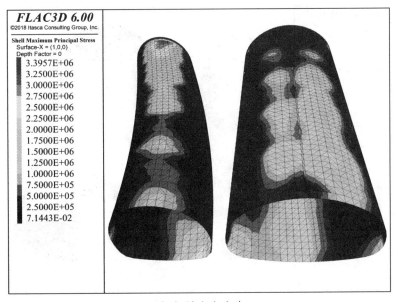

（a）最大主应力

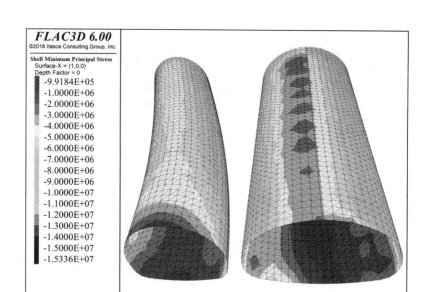

（b）最小主应力

图5-3 工况二下支护结构主应力云图（单位：Pa）

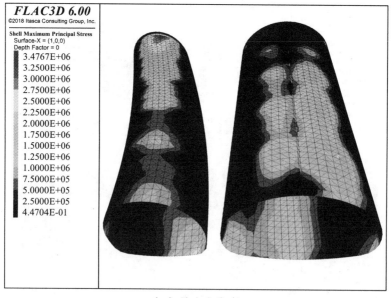

（a）最大主应力

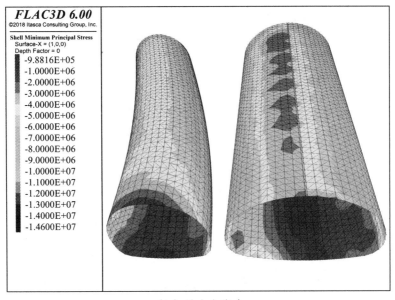

（b）最小主应力

图5-4　工况三下支护结构主应力云图（单位：Pa）

从不同工况下支护结构的最大主应力分布云图中可以看出，不同工况下支护结构的最大主应力分布规律大致相同。各工况下最大主应力的量值均为正值，表明最小主应力均为压应力，同时可以发现无论是连接线隧道还是主线隧道，其拱顶和仰拱处的最大主应力值相对其他位置都要更大，即支护结构在拱顶和仰拱出现应力集中现象。

从最大主应力的量值看，工况一下最大主应力的最大值为3.338 MPa，工况二下最大主应力的最大值为3.396 MPa，工况三下最大主应力的最大值为3.477 MPa。可以看出，不同喷射混凝土厚度对其最大主应力的量值影响较小，对其应力分布影响较小，对比分析各工况下的最大主应力值差距甚微。

从不同工况下支护结构的最小主应力分布云图中可以看出，不同工况下支护结构的最小主应力分布规律大致相同。各工况下最小主应力的量值均为负值，表明最小主应力均为压应力，同时可以发现无论是连接线隧道还是主线隧道，其拱肩、拱腰处的最小主应力值相对其他位置都要更大，即支护结构在拱肩、拱腰处出现应力集中现象。观察最小主应力极值出现的位置，各工况下最小主应力的最大值均出现在连接线隧道的右拱腰处，主线隧道的右拱肩处。

从最小主应力的量值看，工况一下最小主应力的最大值和最小值为 − 16.219 MPa 和 − 0.993 MPa，工况二下最小主应力的最大值和最小值为 − 15.336 MPa和 − 0.992 MPa，工况三下最小主应力的最大值和最小值为 − 14.600 MPa和 − 0.988 MPa，可以看出，不同的喷射混凝土厚度对最小主应力的最小值影响较小，通过比较可以看出随着喷射混凝土厚度的提高，最小主应力的最值逐渐减小。

但从不同工况下最小主应力最大值减小的幅度看，工况二相比工况一，最小主应力的最大值减小了0.883 MPa，工况三相比工况二减小了0.736 MPa。综合考虑安全和经济因素，工况二主线隧道喷射混凝土厚度24 cm，连接线隧道喷射混凝土厚度22 cm是较优方案。

5.1.4　中岩墙变形特性分析

本小节研究小净距隧道开挖时的中岩墙变形特性，通过分析中岩墙围岩的位移，同时与不同喷射混凝土厚度工况下的计算结果进行比较，得到了中岩墙围岩受竖向位移影响和水平位移影响的不同区域，对中岩墙进行不同区域的划分。

中岩墙测点布置和断面选择与上节4.1.4相同。

1. 中岩墙水平位移

本小节分别提取分岔后主线隧道和连接线隧道在60 m断面处中部围岩受开挖影响的变形值，综合对比不同喷射混凝土厚度下中岩墙的水平位移变化情况，如图5-5及图5-6所示。

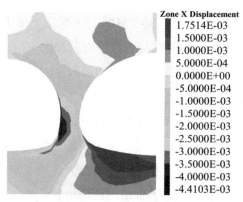

图5-5　连接线20 cm、主线22 cm喷射混凝土厚度中岩墙水平位移云图

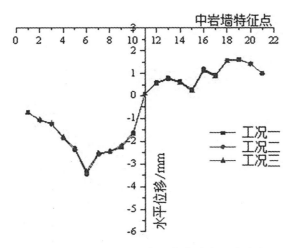

图5-6　不同喷射混凝土厚度下中岩墙水平位移变形图

由图可得：在60 m断面处，3种工况下中岩墙水平位移变化规律相似，且位移值几乎相同，中岩墙水平位移值在11号点处（主线隧道左拱肩）几乎为零，在6号点处（连接线隧道右拱腰）达到最大。主线和连接线隧道采用不同喷射混凝土厚度对两隧道对中岩墙水平位移影响较小，所以采用较大的喷射混凝土厚度并不能进一步抑制隧道的变形，反而会增加施工组织的难度、降低经济性，故综合考虑，采用工况二，即主线隧道喷射混凝土厚度为24 cm，连接线隧道喷射混凝土厚度为22 cm。

2. 中岩墙竖向位移

本小节分别提取分岔后主线隧道和连接线隧道在60 m断面处中部围岩受开挖影响的变形值，综合对比不同喷射混凝土厚度下中岩墙的竖向位移变化情况，如图5-7及图5-8所示。

由图可得：在60 m断面处，3种工况下中岩墙竖向位移变化规律相似，且位移值几乎相同，中岩墙竖向位移值在7号点（连接线隧道右拱脚）和18号点处（主线隧道左拱脚）几乎为零，在11号点处（主线隧道拱顶）达到最大。主线和连接线隧道采用不同喷射混凝土厚度对两隧道对中岩墙竖向位移影响较小，所以采用较大的喷射混凝土厚度并不能进一步抑制隧道的变形，反而会增加施工组织的难度、降低经济性，故综合考虑，采用工况二，即主线隧道喷射混凝土厚度为24 cm，连接线隧道喷射混凝土厚度为22 cm。

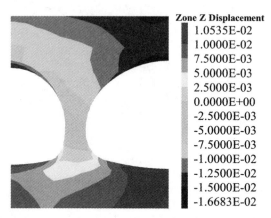

图5-7　连接线20 cm、主线22 cm喷射混凝土厚度中岩墙竖向位移云图

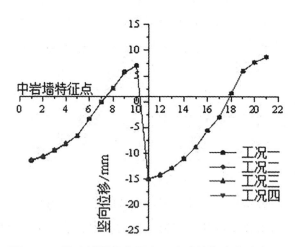

图5-8　不同喷射混凝土厚度下中岩墙竖向位移变形图

5.1.5　地表沉降分析

本小节提取隧道开挖完成后的地表测点的最终沉降值并绘制沉降分布状态图，测点布置及断面选择与上节4.1.5相同，总共设置30个监测点。

不同工况下各监测断面地表沉降分布情况如图5-9所示。

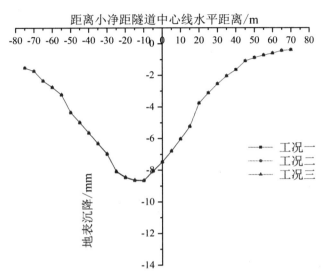

图5-9　不同喷射混凝土厚度下60 m监测断面地表沉降图

从图可以看出，不同喷射混凝土厚度对地表沉降的影响很小，故只提取分岔后小净距隧道上方的地表沉降分布图，在该监测断面地表沉降最大值为8.60 mm左右，3种工况下各监测点的沉降值基本相同。距离小净距隧道中心线 −50～20 m范围内的地表沉降值较大，均为4 mm以上，其中受开挖影响最大的区域为 −20～−10 m范围内，该区域地表沉降均在8 mm以上，故主线隧道上方地表沉降最为明显。

由于3种工况的地表沉降分布曲线基本重合，故可以看出改变初支喷射混凝土厚度并不能有效控制地表沉降量。

5.2　分岔小净距隧道钢拱架间距优化分析

本节通过小净距隧道初期支护不同钢拱架间距下的开挖计算，提取隧道位移变形、支护受力、中岩墙变形和地表沉降结果对比，对现场施工钢拱架间距提供合理优化建议。

5.2.1　计算模型及工况

数值模型、计算参数和开挖设计与上节相同。

本小节通过数值计算对连接线隧道和分岔主线隧道不同开挖进尺进行对比研究，共设置3种工况，分别为：工况一，连接线60 cm，主线60 cm；工况二，连接线80 cm，主线80 cm；工况三，连接线100 cm，主线100 cm。各计算工况除开挖方法不同外，支护方式及参数均相同，如表5-2所示。

表 5-2　计算工况

编号	分岔隧道		开挖工法	支护方式
工况一	连接线隧道	上下台阶开挖	喷锚 + 二衬	60 cm
	主线隧道	三台阶弧形导坑开挖		60 cm
工况二	连接线隧道	上下台阶开挖	喷锚 + 二衬	80 cm
	主线隧道	三台阶弧形导坑开挖		80 cm
工况三	连接线隧道	上下台阶开挖	喷锚 + 二衬	100 cm
	主线隧道	三台阶弧形导坑开挖		100 cm

5.2.2　隧道位移变形分析

本小节分别提取分岔后主线隧道和连接线隧道中部围岩变形受开挖的变形值，综合对比3种钢拱架间距下隧道的水平位移和竖向位移变化情况，如图5-10所示。在FLAC3D计算软件中位移的正值代表向右、向上的变形，位移的负值代表向左、向下的变形。

由图5-10（a）得：主线隧道水平位移值在右拱脚处最小，在右拱腰处达到最大；在3种工况下，主线隧道水平位移最大值均相近，为1.3 mm。由图（b）得：连接线隧道在左拱腰和左拱肩有向右的水平位移，在其余位置均为向左的水平位移；在3种工况下，连接线隧道水平位移值在不同位置均相近，且水平位移最大值出现在右拱腰，为3.2 mm。由图（c）得：主线隧道主要呈现向下的沉降，拱顶处向下的位移值最大，仰拱处向上的位移值最大；3种工况下，主线隧道竖向位移值相近，拱顶处位移值为15～16 mm，仰拱处位移值为9 mm。由图

（d）得：连接线隧道主要呈现向下的沉降，拱顶处向下的位移值最大，仰拱处向上的位移值最大；3种工况下，工况一连接线隧道竖向位移值较小，拱顶处位移值为11～12 mm，仰拱处位移值为6～8 mm。

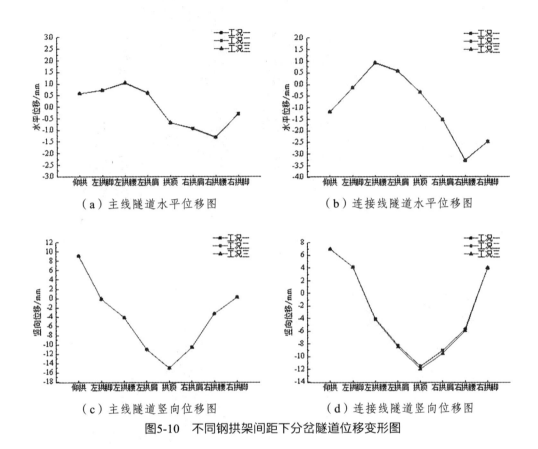

（a）主线隧道水平位移图　　　　　　（b）连接线隧道水平位移图

（c）主线隧道竖向位移图　　　　　　（d）连接线隧道竖向位移图

图5-10　不同钢拱架间距下分岔隧道位移变形图

由上述分析可得，主线和连接线隧道采用不同的钢拱架间距对两隧道的水平位移影响较小，只有对连接线隧道竖向位移存在较大影响，故综合考虑，应采用工况一，即采用60 cm的钢拱架间距。

5.2.3　支护结构应力分析

本小节提取不同工况下小净距主线隧道和连接线隧道的初期支护受力云图，综合对比4种工法下隧道初期支护结构受力情况，如图5-11、图5-12及图5-13所示。

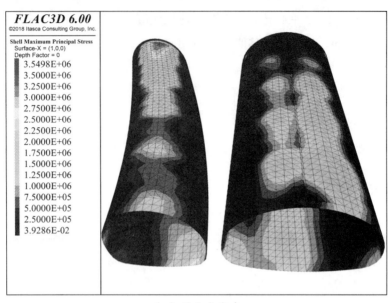

（a）最大主应力

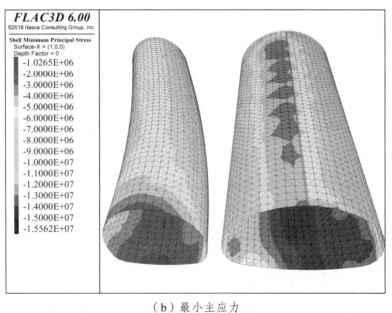

（b）最小主应力

图5-11　工况一下支护结构主应力云图（单位：Pa）

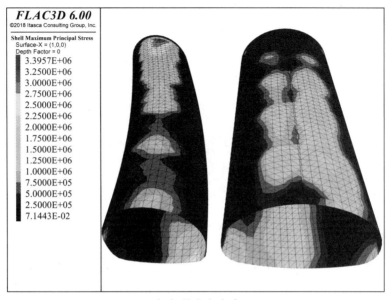

（a）最大主应力

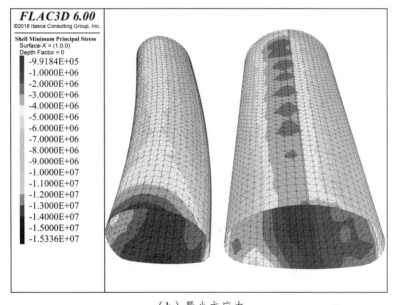

（b）最小主应力

图5-12　工况二下支护结构主应力云图（单位：Pa）

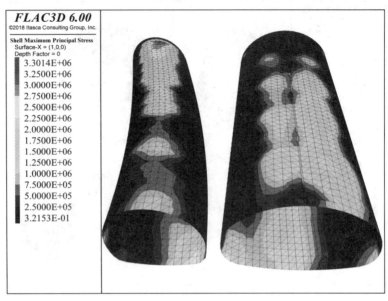

（a）最大主应力

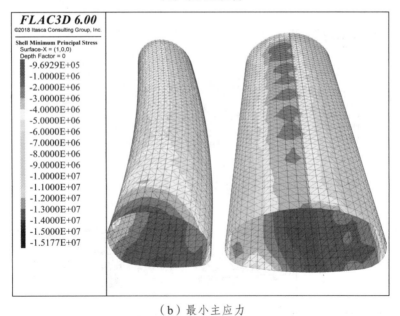

（b）最小主应力

图5-13　工况三下支护结构主应力云图（单位：Pa）

从不同工况下支护结构的最大主应力分布云图中可以看出，不同工况下支护结构的最大主应力分布规律大致相同。各工况下最大主应力的量值均为正值，表明最小主应力均为压应力，同时可以发现无论是连接线隧道还是主线隧道，其拱顶和仰拱处的最大主应力值相对其他位置都要更大，即支护结构在拱顶和仰拱出现应力集中现象。

从最大主应力的量值看，工况一下最大主应力的最大值为3.55 MPa，工况二下最大主应力的最大值为3.396 MPa，工况三下最大主应力的最大值为3.301 MPa。可以看出，不同钢拱架间距对其最大主应力的量值影响较小，对其应力分布影响也较小。对比分析，工况二和工况三控制最大主应力的效果优于工况一，工况二和工况三控制效果差距甚微。

从不同工况下支护结构的最小主应力分布云图中可以看出，不同工况下支护结构的最小主应力分布规律大致相同。各工况下最小主应力的量值均为负值，表明最小主应力均为压应力，同时可以发现无论是连接线隧道还是主线隧道，其拱肩、拱腰处的最小主应力值相对其他位置都要更大，即支护结构在拱肩、拱腰处出现应力集中现象。观察最小主应力极值出现的位置，各工况下最小主应力的最大值均出现在连接线隧道的右拱腰处，主线隧道的右拱肩处。

从最小主应力的量值看，工况一下最小主应力的最大值和最小值为 − 15.562 MPa和 − 1.027 MPa，工况二下最小主应力的最大值和最小值为 − 15.336 MPa 和 − 0.992 MPa，工况三下最小主应力的最大值和最小值为 − 15.177 MPa和 − 0.969 MPa。可以看出，不同的钢拱架间距对最小主应力的最小值影响较小，通过比较可以看出工况二和工况三控制最小主应力效果优于工况一。

但从不同工况下最小主应力最大值减小的幅度看，工况二相比工况一，最小主应力的最大值减小了0.226 MPa，工况三相比工况二减小了0.159 MPa。综合考虑安全和经济因素，工况二钢拱架间距80 cm是较优方案。

5.2.4　中岩墙变形特性分析

本小节研究小净距隧道开挖时的中岩墙变形特性，通过分析中岩墙围岩的位移，同时与不同钢拱架间距工况下的计算结果进行比较，得到了中岩墙围岩受竖向位移影响和水平位移影响的不同区域，对中岩墙进行不同区域的划分。

中岩墙测点布置和断面选择与上节4.1.4相同。

1. 中岩墙水平位移

本小节分别提取分岔后主线隧道和连接线隧道中部围岩受开挖影响的变形值，综合对比不同钢拱架间距下中岩墙的水平位移变化情况，如图5-14及图5-15所示。

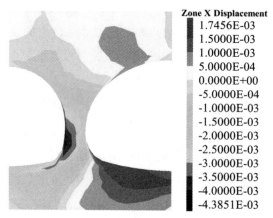

图5-14 钢拱架间距60 cm中岩墙水平位移云图

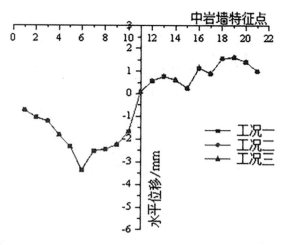

图5-15 不同钢拱架间距下中岩墙水平位移变形图

由图可得：在60 m断面处，3种工况下中岩墙水平位移变化规律相似，且位移值几乎相同，中岩墙水平位移值在11号点处（主线隧道左拱肩）几乎为零，在6号点处（连接线隧道右拱腰）达到最大。主线和连接线隧道采用不同钢拱架间距对两隧道对中岩墙水平位移影响较小，所以采用较小的钢拱架间距并不能进一步抑制隧道的变形，反而会增加施工组织的难度、降低经济性，故综合考虑，采用工况二，即采用80 cm的钢拱架间距。

2. 中岩墙竖向位移

本小节分别提取分岔后主线隧道和连接线隧道中部围岩受开挖影响的变形值，综合对比不同钢拱架间距下中岩墙的竖向位移变化情况，如图5-16及图5-17所示。

由图可得：在60 m断面处，3种工况下中岩墙竖向位移变化规律相似，且位移值几乎相同，中岩墙竖向位移值在7号点（连接线隧道右拱脚）和18号点处（主线隧道左拱脚）几乎为零，在11号点处（主线隧道拱顶）达到最大。主线和连接线隧道采用不同钢拱架间距对两隧道对中岩墙竖向位移影响较小，所以采用较小的钢拱架并不能进一步抑制隧道的变形，反而会增加施工组织的难度、降低经济性，故综合考虑，采用工况二，即采用80 cm的钢拱架间距。

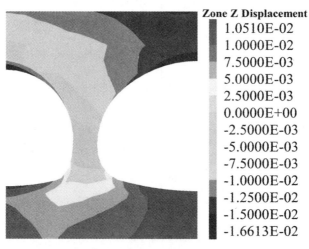

Zone Z Displacement

1.0510E-02
1.0000E-02
7.5000E-03
5.0000E-03
2.5000E-03
0.0000E+00
-2.5000E-03
-5.0000E-03
-7.5000E-03
-1.0000E-02
-1.2500E-02
-1.5000E-02
-1.6613E-02

图5-16　钢拱架间距60 cm中岩墙竖向位移云图

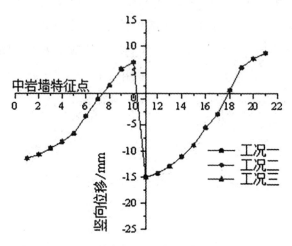

图5-17　不同钢拱架间距下中岩墙竖向位移变形图

5.2.5　地表沉降分析

本小节提取隧道开挖完成后的地表测点的最终沉降值并绘制沉降分布状态图，测点布置及断面选择与上节4.1.5相同，总共设置30个监测点。

不同工况下各监测断面地表沉降分布情况如图5-18所示。

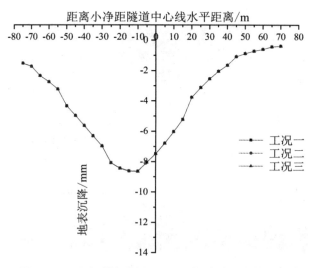

图5-18　不同钢拱架间距下60 m监测断面地表沉降图

　　从图可以看出，不同钢拱架间距对地表沉降的影响很小，故只提取分岔后小净距隧道上方的地表沉降分布图，在该监测断面地表沉降最大值为8.60 mm左右，3种工况下各监测点的沉降值基本相同。距离小净距隧道中心线－50～20 m范围内的地表沉降值较大，均为4 mm以上，其中受开挖影响最大的区域为－20～－10 m范围内，该区域地表沉降均在8 mm以上，故主线隧道上方地表沉降最为明显。

　　由于3种工况的地表沉降分布曲线基本重合，可以看出改变钢拱架间距同样不能有效控制地表沉降量。

5.3　本章小结

　　本章针对小净距分岔式隧道支护参数优化研究，通过数值模拟对火凤山隧道左线ZK3+256～ZK3+336里程范围内的分岔段隧道进行开挖计算，对计算结果进行分析对比，提出了合理的指导现场施工的优化建议。研究主要范围涵盖分岔前的隧道加宽段以及分岔后的小净距隧道，研究内容包括：隧道位移变形分析、支护结构应力分析、中岩墙变形分析以及地表沉降分析。具体研究成果总结如下：

　　（1）通过对比分岔小净距隧道不同初期支护喷射混凝土厚度发现：不同工况下主线隧道和连接线隧道变形规律与数值基本一致；喷射混凝土厚度每增加2 cm，结构的应力最大值相应减少0.8 MPa左右，对应力最小值影响较小；在超小净距区内的中岩墙变形受喷射混凝土厚度改变的影响小，最大水平和竖向位移分别为3.5 mm和14.5 mm左右；地表沉降同样受喷射混凝土厚度变化的影响较小，小净距隧道上方地表沉降最大值均为8.6 mm左右。综上可以看出，喷射混凝土厚度变化对初支受力影响较大，对隧道变形、中岩墙变形和地表沉降的影响较小，故考虑经济效益，在符合施工安全性的前提下建议采用主线喷射混凝土厚度为24 cm，连接线为22 cm。

　　（2）通过研究分岔小净距隧道钢拱架间距分别为60 cm、80 cm和100 cm时对隧道的稳定性影响，可以发现：钢拱架间距每增加20 cm，初支结构应力相应减少约0.2 MPa，随着间距增加，应力减少效应降低，间距为80 cm时相应的结构受力效果最好；除结构受力外，钢拱架间距变化对小净距隧道变形、中岩墙变形和地表沉降变化的影响均较小，说明改变钢拱架间距并不能有效控制隧道变形，故结合现场施工进尺设计，建议采用钢拱架间距为80 cm。

参考文献

[1] 王汉鹏，李术才，张强勇．分岔隧道模型试验与数值模拟超载安全度研究[J]．岩土力学，2008（9）：2521-2526.

[2] 张富鹏，雷胜友，杨瑞，等．超小净距分岔式隧道施工方法数值模拟研究[J]．中国科技论文，2019，14（2）：157-163，209.

[3] 胡云鹏．大跨度小净距分岔隧道双向施工关键技术研究[J]．铁道建筑技术，2018（12）：77-80.

[4] 胡云鹏．大跨段不对称侧壁导洞横通道全断面快速施工环境效应[J]．内江科技，2020，41（5）：25，142.

[5] 刘家澍，凌同华，张胜，等．分岔隧道连拱段施工数值模拟分析及其方案优化[J]．中外公路，2016，36（5）：186-190.

[6] 曹峰，凌同华，刘家澍，等．分岔隧道浅埋连拱段的爆破振动效应分析[J]．公路交通科技，2018，35（2）：86-94.

[7] 凌同华，刘家澍，邓杰夫，等．不同开挖方案下浅埋分岔隧道施工数值模拟[J]．交通科学与工程，2015，31（3）：78-84.

[8] 刘毅．分叉式隧道设计与施工的优化[J]．工程建设与设计，2019（15）：105-106，119.

[9] 林传年．分岔隧道围岩损伤与稳定性研究[D]．兰州：兰州大学，2006.

[10] 王汉鹏．分岔式隧道设计施工的关键技术研究[D]．济南：山东大学，2007.

[11] 夏须坤．长沙市望城区银星路观音岩隧道实施性施工组织方案研究[D]．长沙：长沙理工大学，2021.

[12] 刘毅．分叉式隧道设计与施工的优化[J]．工程建设与设计，2019（15）：105-106，119.

[13] 郭靖. 太和水工隧洞穿越断层破碎带施工稳定性分析及现场监测[D]. 西安：西安建筑科技大学，2023.

[14] 孟凌峰，胡端，张志强. 兰渝铁路西秦岭隧道结构受力变形的数值模拟分析[J]. 路基工程，2016（6）：143-147.

[15] 谢永利. 隧道工程[M]. 重庆：重庆大学出版社，2015：254.

[16] 蔡骁. 浅埋偏压小净距隧道施工相互影响研究[D]. 重庆：重庆交通大学，2016.

[17] 田青峰. 粉煤灰堆积体地层大断面连拱隧道施工力学行为研究[D]. 成都：西南交通大学，2022.

[18] 厉广广. 双线隧道同向开挖纵向合理间距研究[D]. 西安：西安工业大学，2017.

[19] 李松. 大跨度小间距隧道围岩稳定性研究[D]. 湘潭：湖南科技大学，2011.

[20] 刘莉，张正，刘军，等. 小净距多线隧道并行掘进方案研究[J/OL]. 河南理工大学学报（自然科学版），1-10[2024-06-17]. http：//kns.cnki.net/kcms/detail/41.1384.N.20231206.1521.002.html.

[21] 江伟，高启栋，王亚琼，等. 无中墙连拱隧道先行洞爆破振动响应特性与隔振方案比选研究[J]. 岩土工程学报，2023，45（11）：2367-2377.

[22] 邱威. 深埋小净距隧道中夹岩承载特性及有效支护研究[D]. 赣州：江西理工大学，2023.

[23] 刘润喜，冯世展，赵伟，等. 小净距隧道围岩稳定性及加固措施研究[J]. 低温建筑技术，2023，45（11）：124-128.

[24] 田洪肖. 艰险山区浅埋偏压小净距隧道施工优化分析[D]. 青岛：山东科技大学，2020.

[25] 王自龙. 长坝连拱隧道衬砌裂缝成因分析及施工安全对策研究[D]. 昆明：昆明理工大学，2019.

[26] 龚建伍，夏才初，朱合华，等. 鹤上大断面小净距隧道施工方案优化分析

[J]. 岩土力学，2009，30（1）：236-240.

[27] 李文华. 大断面超小横净距双线地铁隧道施工控制技术研究[D]. 长春：吉林大学，2013.

[28] 余涛，罗虎，姜逸帆，等. 软弱破碎围岩地层预应力管–索结构的提出及应用[J]. 岩石力学与工程学报，2024，43（6）：1505-1518.

[29] 刘晓勇，胡强. 分岔隧道过渡段施工结构稳定性分析[J]. 交通科技，2021（3）：98-103.

[30] 杨元洪，刘宏波. 分岔隧道的应用与探讨[J]. 林业建设，2018（2）：87-90.

[31] 姜彦彦，姜建平，纪宏. 隧道开挖面空间效应特征研究及应用[J]. 交通科技，2014（S1）：44-47.

[32] 朱长安. 分岔隧道施工围岩稳定性的数值模拟研究[J]. 北方交通，2018（3）：135-138.

[33] 胡剑兵，褚以惇，乔春江，等. 分岔隧道施工三维数值仿真模拟研究[J]. 公路，2009（3）：193-199.

[34] 胡新朋，王登锋，肖本利. 分岔隧道安全高效施工方法优化研究[J]. 隧道建设（中英文），2020，40（S2）：210-215.

[35] 刘传阳，杨年华，张雷彪，等. 分岔段超小净距隧道爆破围岩振动衰减特征[J]. 工程爆破，2021，27（4）：124-129.

[36] 郭志玉. 浅埋大断面分岔隧道中夹岩柱稳定性数值模拟研究[J]. 重庆建筑，2023，22（1）：65-68.

[37] 邢小宇，杨侨伟，费虎. 分岔隧道施工参数优化研究[J]. 交通节能与环保，2023，19（4）：217-221.

[38] 林立华. 爆破振动下分岔隧道围岩动力响应分析[J]. 公路，2023，68（8）：401-406.

[39] 邵志远. 不同开挖方法对浅埋黄土分岔隧道受力特性的影响[J]. 铁道建筑技术，2024（1）：115-119，185.

[40] 黎万宝. 大断面隧道分岔段施工关键技术分析[J]. 交通科技与管理，2024，5（11）：144-146.

[41] 蒋坤，夏才初，卞跃威. 节理岩体中双向八车道小净距隧道施工方案优化分析[J]. 岩土力学，2012，33（3）：841-847.

[42] 秦玉宾. 浅埋偏压小净距隧道施工方案优化[J]. 施工技术（中英文），2023，52（10）：70-76，82.

[43] 张励. 小净距隧道围岩稳定性控制技术研究[J]. 公路，2018，63（6）：346-350.

[44] 姚勇，何川，谢卓雄. 双线小净距隧道中岩墙力学特征及加固措施研究[J]. 岩土力学，2007（9）：1883-1888.

[45] 李利平，李术才，张庆松，等. 小间距隧道施工性态监测与稳定性分析[J]. 岩土力学，2006，27（S1）：333-338.

[46] 吴恒滨，张学富，周元辅，等. 小净距大断面隧道合理净距研究[J]. 重庆交通大学学报（自然科学版），2010，29（1）：63-68.

[47] 张鹏，崔达. 软弱围岩小净距隧道施工扰动变形特征分析[J]. 公路交通科技（应用技术版），2015，11（11）：223-226.

[48] 刘明高，高文学，刘冬，等. 小净距隧道中夹岩加固技术研究[J]. 施工技术，2006（S2）：172-174.

[49] 刘明高，高文学，张飞进. 小净距隧道建设的关键技术及其应用研究[J]. 地下空间与工程学报，2005（6）：952-955.

[50] 朱玉龙，赵青，朱得海，等. 盾构隧道施工对邻近桥梁桩基的影响分析[J]. 路基工程，2016（3）：167-170.

[51] 谭坤，杨其新，杨龙伟. 偏压及非均质性地层对小净距隧道安全稳定性的影响[J]. 现代隧道技术，2010，47（4）：20-26.

[52] 刘芸，周玉兵. 软岩小净距隧道中夹岩柱分区及加固方法研究[J]. 地下空间与工程学报，2013，9（2）：373-379.

[53] 蔡闽金, 刘大刚, 邓涛, 等. 下台阶含仰拱一次开挖工法特性研究[J]. 铁道科学与工程学报, 2018, 15 (3) : 727-733.

[54] 姚云. 软弱围岩大断面隧道中夹岩施工稳定控制技术研究[J]. 湖南交通科技, 2019, 45 (2) : 149-152.

[55] 丁玉仁. 小净距隧道群中夹岩水平位移规律的现场实测研究[J]. 交通科技, 2020 (2) : 87-91.